# HEXAMÉRON

## RUSTIQUE

ou

## LES SIX JOURNÉES

Passées à la campagne entre des personnes studieuses

par

## LA MOTHE LE VAYER

Seconde édition Française, conforme à l'édition originale
de Paris (1670)

Avec la clef des personnages

PARIS
Isidore LISEUX, 5, Rue Scribe
1875

# HEXAMÉRON

## RUSTIQUE

*Tiré à cinq cents exemplaires numérotés.*

*N° 11.*

Paris. — Typ. Motteroz, 31, Rue du Dragon.

# HEXAMÉRON
## RUSTIQUE
### ou
### *LES SIX JOURNÉES*
Passées à la campagne entre des personnes studieuses
par
## LA MOTHE LE VAYER

Seconde édition Française, conforme à l'édition originale de Paris (1670)
Avec la clef des Personnages

PARIS
Isidore LISEUX, 5, Rue Scribe
1875

*Nous avons eu, sous le dernier Empire, le Dîner du Vendredi-Saint : une réunion de libres-penseurs galonnés, où les Mérimée, les Sainte-Beuve et autres sénateurs et académiciens philosophes se donnaient, dit-on, rendez-vous autour d'une immense omelette au lard, pour rire à leur aise du Dieu officiel, et du Vice-Dieu moustachu qui les dorait si bien sur toutes les coutures.*

*En somme, cela n'avait rien de très-original : Desbarreaux, sous le Grand Roi, en faisait autant.*

*Mais voici, lecteur, qui est plus distingué : as-tu jamais imaginé un Carnaval de Philologues ? et croirais-tu que la Grammaire, l'austère, la vénérable Grammaire, pût elle aussi prendre le masque un mardi-gras, pour s'égarer, sous la conduite de sa folle sœur la Poésie, dans je ne sais quel Antre* (1), *je ne sais quelle « spélunque solitaire », où elle reçoit « de merveilleux contentemens » ? Suivons-la donc, puisqu'elle nous y invite, et ne soyons pas rebutés par quelques ronces qui obstruent çà et là le chemin : l'aimable compagnie que nous rencontrerons dans cette « spélunque », nous dédommagera amplement de nos peines* (2).

*I. L.*

(1) Page 76.
(2) L'*Hexaméron Rustique*, l'ouvrage le plus célèbre de La Mothe Le Vayer, mis à l'*Index* aussitôt sa publication, n'a eu qu'une édition Française (*Paris, Thomas Jolly, 1670*), et il n'est pas compris dans la collection de *Dresde*, 1756-59, 14 vol. in-8. Les Elzeviers et autres imprimeurs de Hollande en ont donné de nombreuses contrefaçons, plus jolies assurément que l'édition originale, mais, il faut le dire, assez peu correctes. Aussi n'avons-nous pas hésité un instant à sacrifier, pour notre réimpression, un exemplaire de l'édition Elzévirienne la plus renommée, *Amsterdam, Le Jeune, 1671*: nous trouvons mauvais qu'on y fasse mourir ce pauvre *Hérodote*, au rapport de *Galénus* (ou *Galien*), par les poux et par quelque autre chose de violent, quand il s'agit d'Hérode et du traducteur de Josèphe, Gélénius (voyez page 65 de notre édition).

## EXTRAIT DU PRIVILEGE.

Par Lettres de Privilége du Roy, en datte du 9 Mars 1651, signées CONRART, il est permis à Monsieur DE LA MOTHE LE VAYER, Conseiller du Roy en ses Conseils, de faire imprimer, vendre, et débiter *tous les Traitez, Lettres, Opuscules, et autres pièces de sa composition*, par tel Imprimeur ou Libraire qu'il voudra choisir, conjointement ou séparément, en un ou plusieurs volumes, en telles marges, en tels charactères, et autant de fois que bon luy semblera, durant l'espace de vingt ans : Et défenses sont faites à toutes personnes, d'imprimer, vendre, ni débiter aucun de ces Traitez, et Opuscules, sans son consentement, ou de ceux qui auront droit de luy, sur peine de trois mille livres d'amende, et autre plus grande, ainsi qu'il est plus amplement spécifié par lesdites Lettres.

# TABLE DES JOURNÉES

PAGES.

Première Journée. — Que les meilleurs Escrivains sont sujets à se mesprendre, par Égisthe (1). . . . 15

IIe Journée. — Que les plus grans Auteurs ont besoin d'estre interprétez favorablement, par Marulle (2). . . . . . . . . . . . 32

IIIe Journée. — Des parties appellées honteuses aux hommes et aux femmes, par Racémius (3). . . . . 59

IVe Journée. — De l'Antre des Nymphes, par Tubertus Ocella (4) . . . 76

Ve Journée. — De l'éloquence de Balzac, par Ménalque (5). . . . . 97

VIe Journée. — De l'intercession de quelques Saints particuliers, par Simonides (6). . . . . . . . . . 120

(1) *Égisthe*. — Urbain Chevreau, ancien précepteur du duc du Maine, ancien secrétaire de la reine Christine de Suède.
(2) *Marulle*. — L'abbé de Marolles.
(3) *Racémius*. — Guillaume Bautru, comte de Serrant, membre de l'Académie Française, grand faiseur de bons mots, à qui ses bouffonneries de Cour avaient acquis, selon Mme de Motteville, 100,000 livres de rente.
(4) *Tubertus Ocella*. — La Mothe le Vayer, membre de l'Académie Française, ancien précepteur de Louis XIV, conseiller du Roi, né en 1588, mort à quatre-vingt-quatre ans, en 1672, deux ans après la publication de ce livre.
(5) *Ménalque*. — Gilles Ménage.
(6) *Simonides*. — L'abbé Le Camus, épicurien aimable tant qu'il fut l'aumônier du Roi, prélat austère une fois nommé à l'évêché de Grenoble.

# HEXAMÉRON

## RUSTIQUE

OU

## *LES SIX JOURNÉES*

PASSÉES A LA CAMPAGNE AVEC DES PERSONNES STUDIEUSES.

e n'est pas sans sujet que Diogène le Cynique disoit qu'on ne peut exercer l'esprit qu'imparfaitement, si le corps ne participe à cet exercice. Mais l'on peut soustenir avec autant de raison, que ceux qui ne se promènent que pour dégourdir leurs membres, et pour tenir leur corps en haleine, commettent une autre faute aussi répré-

<small>Diog. Laert. in ejus vita.</small>

hensible, s'ils ne font faire au mesme tems à leur âme des promenades spirituelles, qui joignent l'utilité au plaisir qu'elle y peut prendre. Je parle ainsi parce qu'il me souvient qu'Hippocrate nomme au sixième livre de ses Épidémiques, *les pensées des hommes qui sçavent l'art de méditer, une promenade d'esprit*, ψυχῆς περίπαθος φροντὶς ἀνθρώποισιν, Cura ac meditatio hominibus pro animi exercitatione est. *Et Platon donne selon cela dans son Timée, le précepte d'accompagner autant qu'on peut les mouvemens de la partie supérieure, de ceux dont l'inférieure est susceptible; et de faire en sorte que les uns soient ordinairement joints aux autres,* neque animam sine corpore, neque corpus sine anima moveamus. *Tant y a qu'on ne sçauroit nier que les plus grans Philosophes de Grèce n'aient exercé leur profession en se promenant. L'Académie de Platon, les Portiques ou Galeries de Zénon, les Jardins d'Épicure, et le Lycée d'Aristote en sont des témoignages certains, quoiqu'il n'y ait eu que les disciples du dernier qui aient receu le nom de Péripatétiques, c'est-à-dire de Promeneurs.*

Sect. 5.
ex. 10.

*Socrate, le père commun de tous, nous est représenté par ceux qui ont escrit sa vie, pour avoir esté si soigneux des exercices du corps, qu'en philosophant il s'appliquoit mesme parfois à la Danse. Et Lucien veut qu'il enseigne encore là-bas dans un Jardin appellé* νεκρακαδημία, *cette belle Philosophie qui a rendu son nom si célèbre par toute la terre. Il ne faut donc pas s'estonner si Aristippe, l'un de ses Sectateurs, avoit donné à ses Cyrénaïques cette leçon, que les exercices du corps contribuoient beaucoup à rendre vertueux,* τὴν σωματικὴν ἄσκησιν συμϐάλλεσθαι πρὸς ἀρετῆς ἀνάληψιν.

*Cecy suffira pour tenir lieu de Préface au récit que je veux faire à la mode des Anciens, d'une conférence de plusieurs jours qu'eurent des hommes de sçavoir, qui se rencontrèrent à la campagne pendant la belle saison de l'Automne. Chacun sçait comme les plus attachez aux villes, ont accoustumé de les quitter alors, et comme c'est le tems de l'année où les plaisirs champestres sont goustez avec le plus de douceur dans un climat tel que le nostre. Je sçai bien que la Grèce et l'Italie ont donné l'avantage au Printems, qui a dans*

l. 2. vel. hist.

Apud Laert

la pluspart de leurs païs des charmes que nous ne connoissons presque point icy. C'est pour cela que le pasteur Myrson le préfère en tant de façons aux trois autres parties de l'an, dans l'Idylle du poëte Bion de Smyrne. Mais à l'égard de la France, les rigueurs de l'Hyver y sont si voisines des chaleurs de l'Esté, que les trois mois du Printems n'y diffèrent des trois qui les ont précédez, que selon le plus et le moins de glaces, de neges, et de brouillas qu'on y ressent, puisqu'en effet

Virg. 3. Georg.  Semper hyems, semper spirantes frigora Cauri.

Et c'est ce qui rend nos Automnes si aimables, qu'encore qu'ils aient beaucoup de rapport à l'arrière-saison de nos jours, l'on peut dire en les considérant de la sorte, qu'ils prouvent la calomnie de ceux qui ne veulent pas qu'on puisse voir de belle vieillesse. Cependant je viens de m'expliquer plus nettement en nommant la France, que je n'avois eu intention de le faire en prenant la plume. Car ne désirant nullement qu'on reconnoisse par cet escrit ceux dont je représente la libre et innocente conversation, que l'air des chams, la licence des Bacchanales, et les réjouissances d'un Royal Hyménée leur pouvoient inspirer ; je m'estois proposé d'abord de faire ma Scène du territoire Attique, si la barbarie qui l'occupe présentement ne m'obligeoit à prendre celuy de Baies, de Frescati, ou de Tivoli. Mais puisque ma plume l'a voulu ainsi, je me contenterai, sans me rétracter, de donner des noms estrangers aux Interlocuteurs dont je rapporte les propos, et qui comme gens de Lettres prendront plustôt plaisir qu'autrement à ce changement, parce que personne n'ignore la liberté qu'on a toujours accordée à ce genre d'escrire. Les appellations de Marulle, de Simonides, d'Égisthe, de Racémius, de Ménalque, et de Tubertus Ocella, valent bien les Gotthiques ou Gauloises dont nous nous servons ordinairement. Je ne sçai néanmoins comment désigner, ou déguiser plutôt, cette grande communauté d'où ils étoient partis, pour jouir d'un air plus gai, et plus salubre que n'est le sien ; car elle faisoit une des plus agréables perspectives qu'eust ce séjour rustique, où trois cabanes, qu'un pareil nombre d'entre eux possédoit, les avoient tous réunis. Il me seroit aisé de luy donner quelque nom magnifique, ou de Mégalopolis, à cause de sa vaste estendue, ou de Chrysopolis, considérant les richesses immenses de ses habitans, ou mesme de Cariasephet, c'est-à-dire de ville Lettrée, à l'égard de tant d'hommes studieux qui s'y trouvent. Si l'humeur satyrique me prenoit, je luy pourrois encore imposer celuy de Ponéropolis, que la méchanceté des citoiens acquit autrefois à une ville de Thrace. Le meilleur sera pourtant, ce me semble, de luy laisser le nom de Paris, que chacun sçait avoir un si grand nombre de maisons de plaisance et de récréation dans ses environs, que le lieu où se rencontrèrent ceux que je viens de nommer à l'antique, n'en sera pas plus reconnoissable, non plus que leurs personnes.

## PREMIÈRE JOURNÉE

Dez le lendemain de leur arrivée Marulle et Simonides, accoustumez à se lever matin, furent les premiers qui se rendirent à l'abri d'un bois de haute fustaie, lequel favorisoit la plus agréable promenade de toute la contrée. Je ne m'amuserai point à descrire les beautez d'une plaine qui s'estendoit à perte de veue de l'autre costé du bois, ni la satisfaction que donnoit le cours d'une de ces grandes rivières qui semblent précipiter leurs eaux à l'envi, pour traverser la merveilleuse Cité dont elles sont les mères nourrices. Il me suffira de rapporter au vrai ce que j'ai pu retenir des conférences où je pris part dans ce bel endroit, et qui firent le plus utile, aussi bien que le plus plaisant divertissement, que peuvent recevoir hors des villes des hommes de nostre sorte. Ces deux premiers eurent aussitost à la rencontre Égisthe et Racémius, qui par un autre chemin, que le lieu de leur demeure les avoit obligez de choisir, venoient chercher le mesme poste pour jouir des avantages qu'il avoit. Et parce que l'un d'eux tenoit un livre à la main, après le salut ordinaire entre gens de leur condition, et qui se connoissoient très-familièrement, Simonides prit sujet de dire en riant au dernier : « Jamais Racémius ne sera rassasié de lecture; et si, je m'assure que ce n'est pas la friandise d'un mets nouveau qui l'oblige à se charger d'une provision, qui toute spirituelle qu'elle est, ne fera que l'incommoder en si bonne compagnie. Il est trop amateur de l'antiquité pour se plaire à des ouvrages du tems; et je tiens pour constant, sans faire le Devin, que ce petit volume qu'il tient, est un de ces grands thrésors que les Grecs, ou les Latins, nous ont heureusement abandonnez. — Je vous avoue que j'aurois laissé au logis ce livret, » répartit Racémius, « si j'avois creu demeurer toujours avecque vous; mais je l'ai pris par une coustume qui fait qu'un beaucoup plus gros tome ne me donne pas plus de pene à le porter, qu'à un levrier sa grande queue, qui ne le rend pas moins léger à la course. Tant y a que vous n'avez pas mal deviné, puisque c'est ici un Sénèque d'impression de Hollande, et dont le caractère menu ne laisse pas d'estre si lisible, que j'en fais depuis quelque tems mon Manuel, ou si vous voulez que je parle à la Grecque, mon Enchiridion. Pour ce qui touche la raillerie que vous avez voulu faire, sur ce que je préfère les travaux qui nous restent des Anciens, à ceux que nous donnent tous les jours tant d'Auteurs modernes, je vous pourrois justifier mon sentiment, si l'arrivée de Ménalque et de Tubertus Ocella ne nous obligeoit à les recevoir. »

A peine eut-il prononcé cela, que ces deux derniers venus abordant les quatre autres, leur firent de très-civiles excuses d'avoir tant tardé à les venir trouver; et Tubertus ajouta que pour punition Ménalque, nonobstant sa Logodiarrhée qui le rendoit si malpropre à se taire, s'offroit d'observer le silence, au cas qu'il plust à Racémius de continuer le propos qu'ils estoient faschez de luy avoir fait quitter. Chacun jetta les yeux sur luy, ce qui l'obligea de reprendre la parole en ces termes : « Je me justifierai aisément de ce qu'on m'impute d'estre trop partial pour les livres des Anciens, et de n'estimer pas assez ceux de nostre siècle. En effet je puis vous protester avec vérité, que les bonnes choses me plaisent partout où je les trouve; mais je vous avoue que j'en rencontre fort peu dans la pluspart des livres qui s'impriment de nostre tems. Je suis pourtant assez juste pour croire qu'il s'en est toujours fait un très-grand nombre de mauvais, et fort peu de bons; mais parce qu'il ne nous reste que ceux qu'on a esté soigneux de conserver, à cause qu'ils estoient les meilleurs, ce n'est pas de merveille que, généralement parlant, on préfère ces anciens qui ont l'approbation de tous les âges, à ceux qui paroissent de nouveau, et qui n'ont rien qui les puisse raisonnablement faire estimer. Après tout, je tombe d'accord qu'on peut pécher icy dans toutes les deux extrémitez, et que comme ceux-là sont répréhensibles qui ne font cas que de ce qui a l'air de l'antiquité, peut-estre sur ce que cela vient de loin,

<small>Hor. 2. ep. 1.</small> Miraturque nihil, nisi quod Libitina sacravit;

l'on n'est pas moins blasmable d'épouser le mauvais sens de celuy qu'Horace expose à la risée pour avoir eu trop d'aversion des anciens,

Ingeniis non ille favet plauditque sepultis.

Le malheur est qu'on voit très-peu de livres nouveaux, à qui les hommes qui s'y connoissent, donnent leurs suffrages. Je pensois tantost en ouvrir un de fort gros volume dans la chambre d'Égisthe, qu'il m'a fait quitter bien viste quand il s'est écrié,

> Monstrum horrendum, informe, ingens, cui lumen ademptum. — *De Polyph. Virg. 3. Æn.*

Je croi qu'il me vouloit faire peur surtout de son obscurité. La pluspart des autres à qui l'on fait voir le jour, ressemblent à ces œufs incapables de génération, sunt ova Zephyria, qui ne produisent rien dans l'âme, et dont l'on ne sçauroit tirer le moindre profit, ni la moindre instruction. Il s'en trouvera qui auront quelques pensées assez raisonnables, mais si mal rendues, qu'on est contraint de les abandonner, comme l'on fait de bonnes viandes mal assaisonnées, cibus est sine sale. Quelques-uns tout au rebours ne font parade que de beaux termes, et d'une certaine élégance mal emploiée, semblables aux déclamations ridicules de cet ancien Rhéteur : Triarius compositione verborum belle cadentium multos scholasticos delectabat, omnes decipiebat. — *Sen. l. 3. contr. 10.* Je ne pus me tenir dernièrement de mettre à la teste d'un, que j'avois parcouru par la mauvaise coustume que j'ai de ne quitter guères de livre sans en avoir achevé la lecture, d'y écrire, dis-je, au devant en lettres capitales cette belle inscription, Moriæ Encomium. Pour conclusion, à pene rencontrerez-vous un de ces livres récens, et faits à la mode, à qui l'on puisse appliquer ce qu'Ovide écrit à l'avantage d'une composition de Cotta,

Viribus illa suis, non novitate placet.

Les ouvrages qui nous restent des Anciens, sont tout au contraire, tels qu'on y trouve toujours de quoi profiter ; et je n'en voi point de si méprisable, ni de si négligé, qui ne doive estre utile, si l'on peut prendre la pene d'imiter Virgile, qui se vantoit de trouver de l'or parmi les ordures d'Ennius, aurum se ex Ennii stercore colligere. »

« — Nous nous doutions bien, » dit alors Ménalque, « qu'on ne pouvoit interrompre Racémius, sans faire perdre beaucoup à ses auditeurs. Mais puisque ses jambes infirmes ne souffrent pas une plus longue promenade, et que d'ailleurs nous avons ici des gens d'une secte qui ne se plaist guères aux Dialogues, ne ferons-nous pas mieux de nous asseoir, pour gouster avec plus d'aise le plaisir de cette belle perspective, cependant que quelqu'un de la compagnie pourra l'entretenir de quelque agréable lecture? Je parle ainsi, parce que je vis hier en arrivant Égisthe occupé à mettre au net un discours, qui ne succéderoit pas mal à celui que Racémius vient de nous tenir, puisqu'enfin les meilleurs livres, soit des anciens, soit des modernes, ne laissent pas d'avoir toujours quelques petites taches qu'on est sans doute obligé d'excuser, parce qu'elles sont de l'appannage de nostre Estre, qui n'a rien de plus naturel, que de se méprendre. »

Égisthe, se voiant provoqué, répondit avec sa complaisante manière, qu'il auroit pu éluder la proposition de Ménalque comme mal fondée, estant certain que la secte du Lycée, dont il avoit voulu parler, n'estoit guères moins amie du Dialogue bien fait, que celle de l'Académie; et que le Péripatétisme n'avoit condamné que les interlocutions mal conduites qui sont reconnues de tout le monde pour très-importunes à cause de leur inutilité. Cicéron n'auroit pas pris Aristote pour patron de ses divins Dialogues; et il n'auroit pas écrit à Lentulus, tres libros suos de Ora-

*tore dialogo exarasse more Aristoteleo, si ce Philosophe ne se fust plu en ce genre d'écrire qui exprime l'entretien de diverses personnes, et s'il n'y eust admirablement bien réussi. Aussi tient-on qu'entre ses ouvrages perdus, dont il ne nous reste que les titres dans Diogenes Laërtius, le Sophiste et le Ménexénus sur la Morale, le Nérinthus et le Grillus qui traittoient de l'art Oratoire, et l'Eudémus où la nature de l'âme se voioit expliquée, estoient cinq Dialogues différens. « Mais, » adjousta Égisthe, « puisque je juge à l'air de vos visages que vous approuvez tous la proposition de Ménalque, voicy le papier dont il vous a parlé, que je m'empescherois bien de faire paroistre en lieu moins asseuré que celui-cy. »*

*Il n'eut pas besoin d'en dire davantage pour les obliger à s'asseoir en rond, où présentant son escrit à Tubertus Ocella, il le pria de le vouloir soulager de cette lecture, non pas tant par pudeur, ou par une modestie affectée, comme s'il eust esté honteux de réciter lui-mesme ce qui venoit de luy, qu'à cause que le changement d'air luy avoit rendu la voix extrémement enrouée. Le titre de cette petite composition estoit tel,* Que les meilleurs Écrivains sont sujets à se mesprendre, *et ce qui suivoit estoit couché en ces propres termes :*

Je me plaindrai toujours de la témérité trop grande de quelques Critiques, qui ne cherchent qu'à pointiller sur des choses de néant ; et qui sans s'arrester à celles que tout le monde estime, ne s'attachent jamais qu'aux pires. Ce sont des mouches qui volent droit sur la partie ulcérée. Et l'humeur par trop austère de ces gens-là s'est tellement rendue maistresse de leurs sens, que si l'oiseau de Junon se présentoit devant leurs yeux, ils ne les arresteroient jamais que sur ses pieds pour en médire. Usons-en, je vous supplie, tout au contraire. Songeons qu'il n'y a rien de si attaché à nostre humanité que l'erreur, ni rien de si propre à l'homme que de faillir. Et quand il est question de juger des travaux d'autruy, pardonnons à ces petites taches qui ne gastent jamais un bel ouvrage,

> *... quas aut incuria fudit,*
> *Aut humana parum cavit natura.*

Hor. de Arte poet.

Il s'en faut tant qu'on les doive prendre si

fort à la rigueur, qu'à l'esgard surtout de celles des Grands Hommes, on les a souvent jugées plus dignes d'imitation, que de correction. Macrobe nous l'apprend ainsi, dans un lieu de ses *Saturnales*, où il observe que Virgile s'est plu à tomber parfois dans de certaines négligences d'Homère, que d'autres reprenoient comme des vices; et qu'il l'a voulu suivre mesme en cela, pour ne paroistre pas moins libre que lui.

<small>3. c. 14.</small>

Quant à moy, je ferois conscience de condamner un labeur de considération, à cause de quelques béveues qui eschapent assez souvent aux plus grands personnages. Ce n'est pas que je voulusse les excuser en toutes choses, comme Crémonin a fait depuis peu Aristote, dont il défend indifféremment toutes les opinions. Je crois faire davantage pour luy, d'avouer franchement qu'il s'est trompé quand il a mis la source du Danube aux Pyrénées, que d'avoir recours à cette confusion des Alpes et des Pyrénées, favorisée par l'Histoire de George Acropolitain, et par ce qu'a remarqué là-dessus Ortélius dans son Dictionaire Géographique. C'est la mesme chose de ce qu'Aristote n'a donné aussi qu'un seul principe des nerfs, des venes, et des artères; et s'il faloit le deffendre sur tous ces articles, je voudrois le faire par la consideration de ce que de son tems la Géographie, ni l'Anatomie du corps humain n'estoient pas cultivées comme elles l'ont esté depuis. Cela vaudroit mieux, ce me semble, que de chercher des eschapatoires à l'imitation du Crémonin, et de quelques autres, pour luy attribuer l'avantage mal à propos en des matières où il s'est manifestement mespris. Ne s'est-il pas encore équivoqué quand il attribue à Calypso, dans le second livre des *Éthiques* à Nicomaque, les paroles qu'Homère fait proférer à Ulysse au douziesme livre de son *Odyssée?* Il fait dire à Hector au troisiesme livre, chapitre onziesme, des mesmes *Éthiques*, les propres termes qu'Agamennon prononce au second de *l'Iliade*. Et dans ses livres de Rhétorique il rapporte une chose d'Amasis, quand il jetta des larmes à la mort de son ami, n'en aiant point versé à celle de son fils, qui est une action de Psamménitus selon le texte d'Héro-

cap. 9.

l. 8. c. 2.

sect. 14. dote au troisiesme livre de son Histoire.

Mais parce que l'Antiquité a des priviléges pour ce regard, que nostre siècle obtiendroit difficilement de beaucoup de personnes, je veux vous faire confesser par l'exemple de plusieurs Autheurs récens, dont je sçai que vous faites très-grand estat, et qui sont en effet d'un mérite fort considérable, qu'il n'y en a point qui n'aient besoin parfois de l'indulgence d'un Lecteur, lequel auroit tort de condamner toutes leurs veilles à cause de quelques inadvertances qui s'y trouvent.

Je commencerai donc à vous faire souvenir de celle de Bodin, lorsque pour prouver au dernier chapitre du premier livre de sa *République* comme ces termes, *par la grâce de Dieu*, ne sont pas une marque de Souveraineté, il dit qu'on voit au Trésor des Chartes de France un acte, par lequel un simple Esleu de Meaux, Député pour un Traitté de Paix, se dit Esleu par la grâce de Dieu. J'ai veu cet acte qui est en Latin, et n'ai pu m'empescher de rire, considérant comme un homme du sçavoir de Bodin, avoit pu prendre pour un chétif Esleu un *Electum Meldensem*, c'est à dire une personne nommée à l'Évesché de Meaux, et qui n'étoit pas encore consacrée.

Voions ensuite deux méprises de Berger qui a fait l'*Histoire des grands Chemins*. La première est au vingt-troisiesme chapitre de son premier livre, où il veut interpréter une inscription antique qui parle d'un certain Décimius, lequel y est nommé *Medicus clinicus, et Chirurgus ocularius*. Car outre qu'il en fait deux personnes au lieu d'une, il traduit *un Chirurgien Oculiste nommé Clinicus*, prenant pour un nom propre un adjectif, qui doit estre rapporté à *Medicus*, et non pas à *Chirurgus*; sans s'estre souvenu qu'on nommoit *Medicos clinicos*, ceux qui pratiquoient la Médecine en observant soigneusement leurs malades dans le lict. Sa seconde mesprise est au chapitre trente-deuxiesme du quatriesme livre, lorsqu'il fait réflexion sur le luxe des Romains, *qui ne mesuroient pas*, dit-il, *la bonté des viandes par le goust, mais par le coust et la dépense, comme estoit celle des Phaisans qu'on alloit querir en Colchos*. Il ne faut point douter qu'il n'ait voulu faire une allusion à ce vers de Pétrone :

*Ales Phasiacis petita Colchis.*

Cependant ce n'est pas l'intention du Poëte de dire qu'on les allast prendre dans la Colchide sur les rives du Phasis pour les manger à Rome, ce qui seroit trop plein d'absurdité. Le mot de *petita* dénote seulement que la race en estoit venue de Colchos; et ce qui suit apprend qu'ils estoient très-rares et très-chers dans Rome.

Je veux vous faire rire encore de l'agréable vision qu'a eue celui qui a donné sur les amours d'Ovide un catalogue des compositions Érotiques. Il cite entre les autres livres de cette nature ceux d'Amadis de Gaule, composez, dit-il, *per Acuerdum Olvidum*, à cause de la devise Espagnole qu'on voit aux premières pages des Amadis, *Acuerdo, Olvido;* ce qu'il a pris fort plaisamment pour le véritable nom de leur Auteur.

Celuy qui a mis en François le beau livre de Cicéron qui règle les devoirs de l'amitié, n'a pas mieux rencontré dans la traduction de ces lignes, *Agrigentinum doctum quemdam virum*, qu'il a traduits en ces termes, *un sçavant personnage nommé Agrigentinus*, sans s'appercevoir que Cicéron parle d'Empédocle Agrigentin, le désignant par le nom de sa patrie *Agrigentum*, ou *Agragas*, ville de Sicile. Outre qu'il n'y eut jamais aucun homme de lettres, dont le propre nom fust Agrigentinus. Le mesme Escrivain dans sa traduction de Valère Maxime, dès le premier chapitre, exemple quatriesme, page sixiesme, traduit *vitio tabernaculum captum, on avoit touché par hazard au Tabernacle;* au lieu de mettre, *l'on avoit failli aux cérémonies qui se doivent observer lorsqu'on prend le lieu des Augures nommé le Tabernacle.* Faute d'avoir entendu ces mots, *Tabernaculum captum*, comme ils doivent estre pris en ce lieu-là, et pour n'avoir pas sceu l'usage des Augures, il a creu que cela se devoit prendre comme parmi les Juifs, où d'autres que les Lévites n'avoient pas le droit de s'approcher du Tabernacle.

Et puisque nous sommes sur les Traducteurs, je veux vous adjouster encore ici trois ou quatre de leurs béveues dont il me souvient.

Un Religieux Italien voulant enrichir sa langue d'un des livres du Père Richeome, où il avoit usé de ces termes communs parmi nous, *paroles de mauvais aloi*, ce Religieux, dis-je, a traduit, *parole di cattivo aloes*.

Les deux frères de Saincte-Marthe aiant rapporté quelque chose dans la laiette de Champagne, cottée F, le Père Macedo dans sa *Lusitanogallia* cite cela, et fait un homme d'un tiroüer, *Franciscus Lajette Campanus*.

Un Autheur fort sçavant en Grec et en Latin, n'a pas pour cela mieux rendu en François l'Italien du *Savio in Corte* de Matteo Peregrini, prenant *Bersaglio*, qui est un but servant de blanc ou de visée, pour un *Berceau*, dans le chapitre vingt-deuxiesme. Et un peu devant, au chapitre quinziesme, il a pris pour un homme cet arbre dont Hérodote dit que Xerxès eut tant de soin à cause de sa beauté, se servant de ces propres paroles, *Platane le Lydien aimé de Xerxès*.

Vous sçavez aussi qui a fait une semblable bévcue, prenant pour Saint Marc *D. Marcum Imper*. Et comme un mot

Grec équivoque est cause qu'Amiot a traduit le Phénix pour la Palme, disant que quelques gens vivent de cervelle de Phénix : au lieu d'avoir escrit de moüelle de Palmier. Les mesprises de cet excellent homme remarquées par Mezeriac sont sans nombre ; aussi bien que celles de Renouard dans la *Métamorphose*.

Anthoine du Pinet, dans sa traduction Françoise de Pline, a fait deux gentils-hommes Romains de deux espèces de marbre, l'un nommé *Lapis Numidicus*, et l'autre *Sinandicus*. C'est au chapitre premier du trente-cinquiesme livre. J'ai observé un grand nombre d'autres fautes de cet Auteur, qui ne laisse pas d'avoir travaillé fort utilement au reste.

Le Pere Coeffeteau a mis de mesme dans sa traduction de Florus, faite devant son eslévation à l'Épiscopat, au livre troisiesme, chapitre dix-huitiesme, le Capitaine *Corfinius*, faisant un homme d'une ville. Et au chapitre vingt-uniesme du mesme livre, il dit que Bébius fut déchiré avec les mains comme une beste sauvage, au lieu de dire que tombé entre les mains des satellites de Sylla, comme entre des bestes sauvages, ils le mirent en pièces à belles mains ; *Bæbium sine ferro ritu ferarum inter manus laniatum.* Car qui a jamais ouï dire rien de plus absurde que sa version, ou qui a jamais veu deschirer des bestes sauvages avec les mains ? Il a fait souvent de semblables béveues.

Grotius a nommé Philo Biblius dans son livre de la *Religion Chrétienne;* un très-habile homme qui l'a mis en François, a dit sans y penser Philon le Libraire, au lieu que *Biblius* signifie natif de Biblis, ville des Milésiens dans la Carie.

Ne vous souvient-il pas que le Grand Cardinal de Richelieu a pris *Maurum Terentianum,* ce renommé Grammairien, pour l'une des Comédies de Térence ? quand il a escrit le Maure de Térence.

Je sçai avec combien de raison vous estimez celuy qui a si noblement traduit Tacite, et Minutius Félix. Et néanmoins dans l'*Octavius* du dernier il nomme *Gallos Cybeles* les Gaulois, au lieu de dire les Prestres chastrez de cette mère des Dieux ; parce que soit qu'ils fussent ainsi nommez du fleuve Gallus, soit d'ailleurs, ils sont cause qu'on appelle *Gallos* en Latin, ceux qui ort perdu les marques de leur virilité. Dans le quatorziesme des *Annales* du premier, il parle des Jeux de la Grèce qui se célébroient tous les cinq ans sur le mont Olympe : en quoi il s'est sans doute mesconté, les Jeux Olympiques qu'il désigne par là se faisant dans une ville d'Elide, nommée Pise ou Olympie, et voisine de ce mont : outre que plusieurs tirent l'origine de ces mesmes Jeux, de ce qu'Hercule les institua en l'honneur de Jupiter, surnommé par les Grecs Olympien.

Du Rosset a tourné en François les *Jours Caniculaires* de Mayol, qui fait mention de ces sorcières que Pline dit avoir eu *duplices pupillas*. Ce Traducteur escrit deux ou trois fois qu'elles avoient deux mammelles dans les yeux, prenant *pupillam*, la prunelle, pour *papillam*, la mammelle.

Mais sans s'arrester davantage aux Traductions, celuy qui a tant escrit pour la Reine Mère Marie de Médicis, n'a-t-il pas dit un cheval nommé Canthérus ? donnant pour un nom propre de cheval, comme l'est celuy de Baiard, ou de Bucéphale, ce qui signifie un Hongre. Et n'a-t-il pas encore parlé de la maladie à laquelle estoit sujet le Chevalier Romain appelé Ictérus ? faisant de la jaunisse un autre nom propre d'homme, qui ne se trouve nulle part que dans cet Auteur.

J'ai bonne mémoire d'avoir leu dans quelque lettre de Balzac, qu'il a parfois rencontré des hommes dont l'amitié estoit si difficile à conserver, qu'il croiroit avoir moins de pene à cultiver des melons en Moscovie, qu'à se bien entretenir avec eux. Cela suppose une certaine impossibilité d'eslever ce fruict jusques à une parfaite maturité dans un païs si Septentrional. Cependant toutes les Relations de ce païs-là, et particulièrement celle du Capitaine Margeret, dont s'est servi le Président de Thou dans son *Histoire*, et qui est une des meilleures que nous aions entre les modernes, portent que les melons y viennent fort bien, et qu'on y en mange d'excellens, parce que le chaud n'y est pas moindre en sa saison, que le froid en hyver. Oléarius vient de confirmer la mesme chose dans sa Relation récente.

Tarquinius Gallutius Sabinus, dans le second chapitre de son *Commentaire sur l'Élégie*, dont il recherche l'étymologie, a fait un Équivoque qui a depuis esté suivi dans le petit Traitté du *Caractère Élégiaque*, comme il arrive souvent que nous errons les uns apres les autres. Les deux Auteurs de ces ouvrages, ou du moins Gallutius, aiant leu dans le premier livre de la *Poëtique* de Scaliger, au chapitre cinquantiesme, ces mots sur le mesme sujet, *Simplicius quoque etymon, etc.*, où *Simplicius* est escrit avec une grande *S.* parce qu'elle suit un point, et commence la période; ils ont pris cet adjectif pour le nom propre d'un Philosophe et le dernier a usé de ces termes, *Car si nous en voulons croire le très-sçavant Simplicius, l'Élégie fut nommée, etc.*

Or, quand le commencement de ce petit escrit, qu'on pourroit rendre bien plus long, n'iroit pas à la descharge de ceux qui commettent de semblables fautes, le nom de beaucoup d'Auteurs que je viens de citer, dont vous sçavez que j'aime les personnes, et que j'honnore le mérite, seroit suffisant pour vous asseurer que mon intention est fort éloignée de leur faire quelque préjudice. C'est pour un ami seul que j'ai mis la main à la plume, et mes caractères seront, s'il luy plaist, aussi peu connus, que le sont assez de propos que nous nous disons souvent à l'oreille, ou dans nos promenades solitaires. En effet, je n'ai rien particularisé que pour remarquer comme il n'y a point de plume si nette, ni si bien taillée, à qui l'on ne voye eschapper parfois assez de choses sujettes à correction; mais qui ne doivent pas pourtant faire mespriser, ni beaucoup moins condamner tout le reste, selon que ces rigides Censeurs dont nous nous plaignons le pratiquent injustement. Tant s'en faut, nostre propre intérest nous oblige à traitter favorablement les autres dans de semblables rencontres; et l'humanité veut que nous témoignions toujours plus d'inclination à louer leurs travaux, qu'à les descrier avec une trop sévère critique. Je finirai par une pensée de Macrobe, puisque j'ai pris la liberté de le citer dès le commencement de ces remarques. Il observe comme la figure d'Apollon, que les Anciens représentoient tenant les Grâces dans la main droite, et l'arc avec ses flèches dans sa gauche, signifioit que luy, et à son imitation les hommes véritablement sçavans,

1. Saturn. c. 17.

estoient beaucoup plus portez à dire du bien, qu'à mesdire; et obligeoient plus volontiers par des éloges, qu'ils n'outrageoient par des mespris, ni par de fascheuses répréhensions.

*Après cette lecture les ombres accourcies, tant des arbres que des hommes, firent aisément connoistre que l'heure estoit venue de se séparer, puisque, pour parler Phœbus, ce Dieu commençoit à décocher ses flèches du milieu de son arc. J'ai leu dans un Idylle Grec, qu'autrefois les Pasteurs n'eussent osé jouer de la fluste en ce tems-là, parce qu'ils croioient que Pan retourné de la chasse dormoit alors, et qu'il se fust fasché d'estre troublé dans son repos. La compagnie ne se sépara pas néanmoins, qu'elle n'eust arresté une pareille séance pour le lendemain au mesme lieu; et qu'elle n'eust prié Marulle, sur ce qu'il ne s'estoit pu empescher de dire qu'autrefois le mesme thème d'Égisthe avoit esté traitté d'un autre biais, de vouloir bien faire part à ses amis de ses pensées là-dessus, à la charge qu'ils continueroient tous chacun à son tour, sans que personne en peust estre exempté.*

3.

## SECONDE JOURNÉE

*Ils eurent tous si grande envie d'entendre Marulle, qu'ils se trouvèrent tous en mesme tems au lieu et à l'heure de l'assignation, à la réserve de luy seul, que Simonides excusa sur ce qu'il avoit veillé fort tard pour coucher sur le papier ce qu'ils avoient désiré de luy. Il ne tarda guères néanmoins à paroistre, marchant à grans pas, et avec quelques marques dans les yeux de la pene qu'il avoit bien voulu prendre pour contenter des auditeurs dont il respectoit le mérite. Et parce que son escrit estoit un peu plus estendu que celuy qu'on avoit leu le jour précédent, il les pria d'abord de luy pardonner s'il avoit esté trop diffus; qu'il s'en trouvoit déjà puni par le retranchement du sommeil de la nuit, ce qui n'estoit pas de petite mortification à ceux de son tempérament; et qu'il le seroit encore dans la lecture qu'il alloit faire, où il trouveroit des difficultez insurmontables par tout autre que par luy, à cause d'une infinité de ratures, et de ren-*

vois, dont il tascheroit pourtant à se démesler. Racémius luy respondit au nom de
tous, qu'ils le connoissoient pour estre naturellement si esloigné du vice que les Grecs
nommoient ἀπεραντολογίαν, que c'estoit
presque les offenser de s'en deffendre. Il
adjousta qu'il avoit retenu un proverbe des
Espagnols, contre cette importune maladie
de ne pouvoir finir, le leur aiant ouï
dire souvent et fort plaisamment du tems
de son Ambassade, Relox de medio dia,
nunca da menos de doze. *Ménalque luy da-
ma aussitost le pion,* rapportant celui des
Italiens sur le mesme sujet, Questo non sa
la storia intiera, perche non gli fu inse-
gnata la fine. « Les Latins, » continua-t-il,
« ont aussi nommé des Songes d'Hyver, ces
contes ennuieux qui ne finissent point,
somnium hybernum prolixa narratio; et
par effet Aristote a fort bien observé dans
ses livres de Rhétorique, qu'un discours
trop long ne peut estre autre que désagréa-
ble, et mesme affligeant, parce que nous
sommes tous portez d'une inclination physique à vouloir connoistre, le plutôt que
faire se peut, la fin des choses, oratio inju-
cunda est propter infinitatem, finem enim

*omnes volunt intueri. » Ce propos eust pu estre porté plus loin, si d'un commun accord ils n'eussent formé, en s'asseyant, un second cercle pour entendre Marulle, qui leur leut aussitost le titre de son escrit, dont voici les termes :* Que les plus grands Auteurs ont besoin d'estre interpretez favorablement. *Et connoissant par leur silence qu'ils luy préparoient une favorable audiance, il entama de la sorte sa lecture :*

Les livres d'un homme sont à mon sens de fort mauvais garans de ses inclinations, et je n'ai jamais creu qu'on peust former un bon jugement des mœurs d'une personne par ses escrits. Celuy-ci vous expliquera les propos que j'eus sur ce sujet, dans une autre compagnie que la vostre, où je soustins qu'il n'y avoit point d'Auteurs qui n'eussent besoin souvent de trouver leurs lecteurs favorables, et que les plus sérieux avoient donné quelquefois une merveilleuse licence à leur plume. Mais parce que la preuve de cela alloit à l'infini, si j'eusse voulu l'estendre aussi loin que son sujet, je me contentai d'examiner quelques passages des œuvres de

Sénèque, de Dion Chrysostome, et de Saint Augustin, à cause que le premier est reconnu pour le plus austère des Romains au fait de la Morale ; le second, qui est un peu postérieur, pour la merveille de son siècle ; et le troisiesme, pour l'un des premiers Docteurs de l'Église. Je vous supplie de trouver bon que j'observe encore ici la mesme méthode.

Pour commencer donc par Sénèque le Philosophe, je ne vous dirai rien de quelques saletez qui se trouvent dans les Controverses que nous avons sous son nom, tant parce que la pluspart des Sçavants les attribuent à Marcus son père, qu'à cause que beaucoup de choses peuvent estre tolérées en cette sorte d'escrits, qui paroissent moins excusables en des discours Philosophiques, comme le sont ceux dont je vous ferai considérer les passages. Si est-ce que l'Auteur de ces Controverses, quel qu'il soit, n'aiant mis la main à la plume que pour l'instruction de ses enfans, il y a de quoy s'estonner que dès la seconde du premier livre, il y ait couché de si vilaines pensées qu'en voici, *Novimus istam maritorum abstinentiam, qui etiam-*

*si primam virginibus timidis remisere noctem, vicinis tamen locis ludunt,* et ce vers d'Ovide appliqué sur cela par Scaurus :

*Dum timet alterius vulnus inepta loci,*

avec l'adjonction de Murrhédius, *fortasse dum repellit libidinem, manibus excepit.* Car encore qu'il couvre cela d'une fort belle sentence, *longe recedendum ab omni obscœnitate verborum, et sensuum; quædam satius est causæ detrimento tacere, quam verecundiæ dicere :* il semble néanmoins qu'il leur pouvoit bien donner cette leçon en pratiquant luy-mesme un honneste silence; et qu'il estoit plus facile de leur faire comprendre en paroles couvertes, combien ces saletez estoient à fuir, sans les estendre si au long, les rendre si sensibles, et faire souffrir la pudeur de ses fils jusques à un tel point. Mais puisque la licence est une figure de Rhétorique aussibien que de Poësie, donnons cela à Sénèque l'Orateur, et nous attachons au Philosophe, qui fait profession partout d'une si grande sévérité de mœurs.

Cap. 31. Quand, au quatriesme livre de ses *Bienfaits,* il veut monstrer qu'on gratifie souvent des personnes de nul mérite, en considération de leurs prédécesseurs, faisant sur cela souvenir son ami Libéralis, qu'il n'avoit donné sa voix pour le Consulat à Mamercus Scaurus, qu'à cause seulement du nom qu'il portoit, bien qu'il n'ignorast pas les ordures de sa vie ; qu'estoit-il besoin, je vous prie, d'aller expliquer les abominations qu'il pratiquoit avec ses servantes, *ancillarum suarum menstruum ore illum hiante exceptare?* et de rapporter ensuite la belle répartie qu'il fit à Pollio Asinius, capable de couvrir de honte l'impudence mesme, *quidquid mali dixi, mihi et capiti meo*. En vérité ces choses ne peuvent estre leues sans rougir, et sans s'estonner qu'elles soient sorties de la plume de Sénèque, qui n'a pas laissé pourtant de les répéter ailleurs avec aussi peu de nécessité. Car pour prouver dans une de ses Épistres, que les richesses tombent souvent entre les mains de personnes très-indignes de les posséder, comme un Escu d'or chet dans un retrait, ou un denier dans une cloaque, selon sa comparaison ; il se fust bien passé, ce me semble, d'aller mettre en jeu un certain grand Richard

L. 13.
Ep. 87.

de son tems, nommé Natalis, *tam improbæ linguæ, quam impuræ, in cujus ore fœminæ purgabantur:* et il suffisoit en tout cas de dire qu'il estoit aussi pauvre de vertu, que riche de biens, ou aussi diffamé de mœurs, que renommé pour ses trésors.

Il fait une invective contre les femmes de son tems, en une autre Épistre, qu'il pouvoit bien rendre plus modeste, quand ce n'eust esté qu'en considération de sa chère Pauline. C'est lors qu'il leur reproche que contre l'aphorisme d'Hippocrate, elles sont sujettes comme les hommes au mal des Gouttes, et à la Pelade ; ce qu'il dit provenir de ce qu'elles ne leur ont pas voulu céder en aucune sorte de vices et de débauches. La censure estoit bonne et bien prise jusques-là. Mais quand il s'est laissé aller jusques à dire qu'elles pouvoient bien avoir les incommoditez des hommes, puisque contre l'ordre de Nature les Dames Romaines commençoient à monter sur eux, ce qu'il prononce en termes encore plus deshonnestes, *perversum commentæ genus impudicitiæ, viros ineunt,* sans doute qu'il est tombé dans cette vicieuse turpitude de sens, et de paroles, que les Grecs ont nommé αἰσχρολογίαν.

Si l'on vouloit néanmoins l'excuser en tout ceci, sur ce qu'il a paru en beaucoup de lieux estre Stoïcien, et que ceux de cette secte faisoient profession de nommer toutes choses par leur nom, soustenant que les paroles n'avoient rien de sale, ni de mauvais en elles-mesmes ; je ne sçai pas de quel prétexte on pourroit aussi colorer le récit infâme qu'il fait au premier livre de ses *Questions naturelles* de ce monstre de Hostius. Cette petite fable, comme il l'appelle, est peut-estre la pièce la plus indigne d'estre rapportée par un homme d'honneur, qui se voye dans toute la litérature ; mais l'extravagance de la digression est telle, qu'elle ne scandalise pas moins que la chose mesme, et fait qu'on ne sçait que penser de Sénèque, quand l'on considère comme il s'est précipité sans sujet, dans une si vilaine narration. Il est permis à un voiageur de se détourner parfois de son chemin pour aller voir quelque lieu mémorable, mais non pas pour se jetter dans un bordel. On peut bien aussi pardonner à un Auteur, s'il

C. 16.

s'écarte parfois de son sujet en faveur de quelque belle pensée qui s'offre alors à son esprit; mais une saillie faite hors de propos pour conter des ordures, et pour représenter des exécrations, comme est celle dont nous parlons, ne sçauroit estre que très-mal interprétée. Après que ce grand personnage a discouru physiquement des impressions de l'air, telles que sont l'Arc-en-ciel, et les couronnes qui se voyent quelquefois autour du Soleil et de la Lune; il forme cette question, s'il y a en cela quelque chose de réel et de corporel, ou si ces couleurs qui paroissent alors n'ont rien qu'une apparence trompeuse; et il conclud que ce sont seulement des images vaines, et des simulacres semblables à ce que nous voyons dans des glaces de miroirs. Jugez s'il y avoit grand sujet d'aller là-dessus faire un chapitre entier de la prodigieuse luxure d'un homme, lequel non content de faire et de pâtir tout ce qui se pratique contre nature dans ce vice, s'avisa de disposer par toute une chambre de ces miroirs qui multiplient les espèces, et qui représentent les objets beaucoup plus grands qu'ils ne sont, afin de voir les membres de ses bardaches, lorsqu'il estoit patient, bien plus gros et plus longs qu'ils n'estoient. Or non seulement ce conte est placé là par force, et tiré comme l'on dit par les cheveux, mais de plus la narration en est si diffuse, et si pathétique, qu'on voit aisément que Sénèque s'est pleu extraordinairement à l'estendre, et qu'il s'est servi de toutes les forces de son imagination pour nous en donner une parfaite peinture. Il fait aller ce Hostius dans tous les bains publics, choisir ceux que la Nature avoit le mieux partagez de ce qui devoit servir à ses abominables voluptez : il n'y a sorte d'irrumation, de fellation, et de tout ce que nostre Langue ne sçauroit, grâces à Dieu, exprimer sans barbarie, qu'il ne luy face commettre : toutes les postures les plus contraintes y sont représentées comme en relief, et c'est un tableau animé à la Grecque où les mouvemens mesmes se peuvent observer : *Quia non tam diligenter intueri poterat*, dit-il, *cum compressus erat, et caput merserat, inguinibusque alienis obhaeserat, opus sibi suum per imagines offerebat. Speculabatur illam libidinem oris sui, spectabat sibi admissos pariter in omnia viros. Nonnunquam inter marem et fœminam distributus, et toto corpore patientiæ expositus, spectabat nefanda.* Voilà un eschantillon de la pièce qui est esgale partout, et qui ne peut estre veue sans une honte extrême. Et véritablement si le Bordel mesme a quelque pudeur, selon le propre texte de nostre Escrivain, c'est une merveille que son style en ait eu si peu cette fois, et qu'un si sérieux personnage que Sénèque, l'un des Précepteurs du genre humain en ce qui regarde la Morale, se soit dispensé d'exposer comme à nud aux yeux de ses Lecteurs des vilenies telles, qu'elles ne peuvent jamais estre couvertes d'une nuit assez obscure, pour luy rendre ses mesmes paroles.

Venons maintenant à Dion de Pruse, surnommé Chrysostome, ou Bouche-d'or, à cause de son éloquence ; comme le fut depuis ce grand Docteur de l'Église Grecque, Saint Jean Évesque de Constantinople. L'empereur Trajan faisoit tant de cas de ce Dion, que bien souvent il l'honoroit d'une place dans son carrosse, et luy rendoit des tesmoignages d'estime et d'affection très-grandes. Aussi menoit-il une vie très-philosophique, où conjoignant l'action à la contemplation, il sembloit qu'il ne fust nai que pour l'instruction de tous les hommes. Cela paroist dans ce qui nous reste de ses œuvres, qui font voir que se promenant par le Monde soit volontairement, soit par la contrainte d'un exil, il prenoit plaisir à faire des harangues dans toutes les villes où il passoit, exhortant les citoyens à la Vertu, et les esloignant des vices qu'il sçavoit qu'on leur reprochoit, parce qu'ils y avoient une inclination particulière. Certainement le dessein de ce Philosophe Payen ne peut en cela estre trop prisé, et c'est possible pourquoi l'Évesque Synésius le choisit entre tous ceux de sa profession, pour recommander la lecture de ses escrits à son fils, dans ce discours qui porte le nom de Dion. Cependant il n'y a personne qui puisse lire sans estonnement, et mesme sans indignation, la sixiesme des Oraisons d'un si grand personnage, où pour monstrer qu'un Philosophe tel que Diogène n'est pas moins heureux, à le bien prendre, dans sa condition, que les plus puissans Monarques de la terre ; il se laisse emporter à des descriptions si déshonnestes, et si fort contraires aux bonnes mœurs, qu'on diroit qu'il a renoncé à toute pudeur. Il se devoit contenter d'observer, que comme les Rois de Perse passoient l'Hyver tantost à Suse, tantost dans Babylone, où ils ne le sentoient presque pas, et l'Esté dans Ecbatane à cause des fraischeurs de la Médie : Diogène prenoit de mesme ses avantages selon les diverses saisons, coulant celles qui sont les plus rudes à cause du froid dans le terroir Attique, et se retirant l'Esté à Corinthe, que les vents, et la situation montueuse rendoient plus propre durant les grandes chaleurs. Mais d'adjouster après que la pauvreté de ce Cynique ne lui causoit nul préjudice au fait de l'Amour, où il s'estoit moqué des Poëtes qui nommoient leur Vénus dorée, et de rapporter ensuite ses infâmes et criminelles masturbations, prattiquées devant tout le monde, c'est ce qui ne peut estre souffert. Je sçai bien que l'Escrivain de la vie de Diogène ne s'est pas teu de cela. Il l'a escrit pourtant moins honteusement que Dion, et comme estant contraint de rapporter le bien et le mal d'un Philosophe qui eust esté bien-aise, selon ses termes, de pouvoir aussi facilement appaiser son ventre lorsque la faim le travailloit. Dion, que rien n'obligeoit à ce discours, au lieu de passer légèrement par là-dessus, et mesme en tout cas de censurer une action si condamnable, se plaist à luy faire dire que si tous les hommes eussent esté de son humeur, la ville de Troie n'eust pas esté désolée par une femme, ni Priam tué sur l'autel de Jupiter. Que l'aveuglement des Grecs avoit esté nonpareil sur ce sujet, de croire que les morts mesmes ne se peussent passer des Dames, puisqu'ils avoient sacrifié Polixène sur le sépulchre d'Achille. Que les poissons tesmoignoient avoir plus d'esprit que nous, quand ils se frottoient contre tout ce qui leur pouvoit faire jetter leur semence. Et que personne n'aiant besoin d'aide pour se gratter le bras, ou la jambe, lorsque l'une ou l'autre luy démange, il ne pouvoit concevoir pourquoi il faloit achetter bien chèrement, et parfois au péril de la vie, le secours d'une fille pour frotter ce petit membre beaucoup moins considérable. Ce n'est pas tout. Ce qui peut faire mieux comprendre combien la matière luy plaisoit, c'est qu'il remonte jusques à l'inventeur de cette détestable Chirurgie, disant que ce fut le Dieu Pan lorsque sa passion amoureuse pour la belle Écho l'inquiétoit le plus. Il conte donc que son père Mercure ayant pitié de voir comme de montagne en montagne il poursuivoit en vain cette Nymphe jour et nuit, apprit ce beau mestier à son fils, par lequel se sentant soulagé, il en fit une belle leçon à tous les Pasteurs, et au reste de ces hommes rustiques qui l'ont reconnu pour leur Dieu. Certes j'ai honte de rapporter de telles ordures, et je ne puis comprendre ni le front de Dion à les prononcer en public, ni la patience de ses auditeurs à leur prester l'oreille, ni l'infamie de la fausse Théologie de ce tems-là. Tout ce qu'on peut dire pour pallier aucunement la faute de nostre éloquent Philosophe, aussi bien que celle de Diogène, c'est qu'une infinité de vertus éminentes couvroient ces défauts particuliers, et que *magnis illi ac divinis bonis hanc licentiam assequebantur*, comme je me souviens que Cicéron en parle au premier livre de ses

*Offices.* Passons au troisiesme et dernier des Auteurs proposez.

Le respect qui est deu à cette grande lumière de l'Église, Saint Augustin, m'empescheroit de trouver rien à redire en ses ouvrages, s'il ne s'estoit lui-mesme reconnu homme dans ses rétractations, et si nous ne pouvions garder tout l'honneur qui doit estre rendu à sa sainteté, en examinant quelques passages qu'il a vraisemblablement escrits aussi innocemment, qu'ils peuvent estre scandaleusement interprétez, les prenant un peu à la rigueur. Je ne parlerai point de ses libertez de jeunesse, qu'il représente si naturellement dans ses *Confessions*, puisque c'est le lieu où l'on ne peut rien celer sans offense; ni de tout ce qu'il reproche de licentieux aux hérétiques de son tems, en tant de livres qu'il a faits contre eux, puisque cela pouvoit servir à les rendre odieux, et que c'estoit vraisemblablement son dessein. Je vous choisirai seulement deux ou trois lieux de son grand Chef-d'œuvre, la *Cité de Dieu*, où il estoit le plus obligé de prendre garde à soy, escrivant la défense de tout le Christianisme contre l'infidélité des Romains, qui luy imputoient la ruine de l'Empire, et les désolations de leur ville que les Goths venoient de saccager.

C. 16. et 18. Dès le premier livre, où il parle de la violence qu'avoient soufferte les Religieuses à la prise de cette capitale du Monde, il a bien eu raison de maintenir qu'elles pouvoient avoir esté forcées quant au corps, sans que l'esprit eust esté endommagé. La Virginité considérée matériellement, estant une intégrité corporelle, et non pas une habitude de l'âme comme la Pudicité, ce seroit estre plus honneste que sçavant, d'en faire une vertu morale; et c'est une chose seure qu'elle peut estre ostée du corps par violence, sans que l'esprit perde sa pudicité; comme au contraire un corps entier peut bien estre le domicile d'un cœur impudique. Cecy soit dit sans préjudicier à la Virginité prise formellement pour un vœu fait à Dieu de garder en sa considération une entière Chasteté; car elle est alors une des plus grandes vertus Chrestiennes, et des plus utiles à la vie contemplative. Mais ce n'est pas sur cela que je veux faire mon instance. Je sçai bien que ne parlant que de cette perfection du corps qui fait respecter les filles plus que les femmes, il a pu dire que comme beaucoup d'inconvéniens et de maladies la peuvent faire perdre sans intéresser la Pudicité; il ne faloit pas croire non plus que l'outrage et la force fussent capables de ruiner cette vertu. Ce que je trouve estrange en tout son discours, c'est que non content d'alléguer les incisions ou les autres opérations qui se font par l'ordonnance des Médecins, en cette partie, dont l'on ne peut parler avec trop de pudeur; il passe jusques à dire qu'une sage-femme visitant une certaine fille pour sçavoir si elle avoit son pucelage, soit par mauvaise volonté, soit par ignorance, soit par hasard, en le voulant reconnoistre de la main, elle le luy osta. Afin que vous en jugiez mieux, je vous rapporterai toujours les textes : *Obstetrix virginis cujusdam integritatem manu velut explorans, sive malevolentia, sive inscitia, sive casu, dum inspicit, perdidit.* N'est-ce pas s'engager bien avant en un lieu honteux sans aucune nécessité; et si nous n'estions asseurez de la sainteté de l'Auteur, ne croirions-nous pas qu'il se seroit pleu à descrire des choses que la Nature a soustraittes autant qu'elle a pu à nostre connoissance ?

Passons jusques au quatorziesme livre du mesme ouvrage, où aiant parlé de la nudité de nos premiers parens, que le péché leur fit trouver honteuse, parce qu'auparavant ils n'avoient point de membres qui eussent les mouvemens autres que volontaires, il fait ensuite une invective contre la turpitude des Cyniques. *Enfin, di* *la pudeur de la Nature a esté plus forte l'erreur de cette secte, et nous ne voions plus que ces Philosophes* (car il y en avoit encore de son tems) *facent impudemment en plein marché comme des chiens, ce qui demande le secret et les ténèbres.* Tout cela va bien jusques-là. Mais quand il adjouste, qu'il ne peut croire que Diogène, ni ceux de sa famille, qui ont eu la réputation de faire toutes choses en public, y prissent néanmoins une véritable et solide volupté, s'imaginant qu'ils ne faisoient qu'imiter sous le manteau Cynique les remuemens de ceux qui s'accouplent, imposant ainsi aux yeux des spectateurs, bien qu'en effet

*cap. 20.*

ils ne pussent pas seulement bander le nerf en leur présence; c'est ce que je suis honteux de rapporter, et que je vous prie de considérer dans ses propres termes : *Unde et illum, vel illos qui hoc fecisse referuntur, potius arbitror concumbentium motus dedisse oculis hominum, nescientium quid sub pallio gereretur, quam humano premente conspectu potuisse illam peragi voluptatem. Ibi enim Philosophi non erubescebant videri se velle concumbere, ubi libido ipsa erubesceret surgere.* Est-il possible qu'un si grand personnage ait permis à son imagination de pénétrer jusques dans ces secrets Cyniques, et que la main de Saint Augustin n'ait point fait difficulté de lever le manteau de Diogène, pour nous y faire voir des mouvemens, que la honte (bien que ce Philosophe fît profession de n'en point avoir) luy faisoit à luy-mesme cacher de son manteau !

Je n'irai pas bien loin pour vous fournir encore quelque passage qui serve au sujet de cette lettre, et qui esgale en nombre ces dernières observations à celles que nous avons faites sur Dion, ou sur Sénèque. Les vingt-trois et vingt-sixiesme chapitres suivans continuent à nous représenter l'estat d'innocence, et la félicité d'Adam et d'Ève dans le Paradis terrestre. Or il me semble que puisqu'il ne traittoit point cette matiere exprès, ni en Scholastique, mais seulement pour faire voir la naissance de la Cité de Dieu, il se pouvoit contenter d'exposer simplement dans ce traitté apologétique pour les Chrestiens, ce qu'il pleut au Saint Esprit d'en dicter à Moyse pour nous estre révélé, sans y former des questions scandaleuses aux Gentils, et de plus de curiosité que d'édification aux Fidèles. Car, quant à ce qu'il s'excuse sur l'exemple de Saint Paul, qui a bien reproché aux femmes de son tems des péchez contre nature, et usé de mots qui signifient de grandes saletez ; on luy pourroit répondre que l'Apostre avoit un thème bien différent du sien, escrivant à des Néophytes, et estant contraint de leur nommer les vices dont ils devoient estre corrigez ; ce qui ne peut pas estre dit de l'ouvrage de la *Cité de Dieu*.

En effet quand il y asseure, que ce membre qui n'estoit pas encore honteux au premier homme, eust eu pour lors les mouvemens aussi libres, et aussi faciles à l'action que le pied ou la main, et que *ita genitale arvum vas in hoc opus creatum seminasset, ut nunc terram manus*, il est contraint luy-mesme d'avouer qu'il a besoin de trouver un lecteur bien pudique, et bien religieux. Mais il faut encore une plus grande précaution d'esprit, pour ouïr sans se scandaliser comme Adam n'estant jamais fatigué, ni accablé de sommeil, eust joui de sa femme sans aucune pénétration de son corps, lui jettant la semence dans la matrice sans préjudicier à son intégrité, de la mesme façon, dit-il, que le sang menstrual des filles en sort sans y causer aucun préjudice, et sans y rien endommager : *Ita tunc potuisse utero conjugis, salva integritate fœminei genitalis, virile semen immitti, sicut nunc potest, eadem integritate salva, ex utero virginis fluxus menstrui cruoris emitti. Eadem quippe via posset illud injici, qua hoc potest ejici.* Car ce qui rend la vanité de cette imagination moins excusable, c'est que les Pères tombent d'accord en interprétant le texte de la Genèse, qu'Adam ne connut Ève qu'après que tous deux

S. Chrys. hom. 18. sup. Genes.

eurent esté chassez du Paradis terrestre; et par conséquent c'est s'entretenir assez inutilement de choses qui ne furent jamais. Je sçai bien que Saint Thomas a suivi en ceci les sentimens de Saint Augustin, contre ceux de Saint Grégoire de Nysse, et de beaucoup de Docteurs, qui ont creu que les hommes, n'eust esté le péché, eussent multiplié miraculeusement comme les Anges sans copulation charnelle. Mais outre que le Docteur Angélique ne s'est servi pour toute autorité que du texte de Saint Augustin; encore peut-on dire que comme Scholastique il s'est estendu dans sa Somme sur beaucoup de matières, et qu'il y a traitté quantité de questions qui ne peuvent pas estre si bien veues ailleurs: de mesme que Saint Paul en a usé, selon que nous l'avons desjà dit, et comme font ceux qui escrivent des cas de conscience, où ils ne sçauroient s'exempter d'en examiner beaucoup, dont l'honnesteté voudroit qu'on se teust en tout autre endroit. Tant y a que je ne croy pas qu'on puisse lire tous ces lieux de la *Cité de Dieu* que je viens de vous rapporter, sans s'estonner qu'un si grand Docteur de l'Église ait fait

*Lib. de Hom. c. 18.*

*1. parte qu. 98.*

entrer de tels matériaux dans la construction d'un si saint édifice; et qu'il ait pris la pene de se desdire depuis (comme je me souviens qu'il a fait aux livres de ses *Rétractations)* d'avoir tiré d'Abraham l'origine du nom des Hébreux, et non pas de Heber; de s'estre servi abusivement du mot de Fortune; et d'avoir loué Platon trop hautement; sans faire encore réflexion sur des passages si chatouilleux.

La bonne opinion que je ne puis perdre, tant de la probité de Sénèque, que de celle de Dion Chrysostome, et la grande vénération que je porte à la mémoire de Saint Augustin, me font croire que les uns et les autres ont estimé qu'on liroit aussi innocemment leurs livres qu'ils les escrivoient; ce qui pourtant n'arrive pas toujours, comme vous l'aura bien fait voir ce discours, peut-estre plus long qu'il ne devoit estre.

*Marulle reçeut cette satisfaction que tous luy applaudirent, et le remercièrent particulièrement de ce que sa Prélature ne l'avoit pas empesché de faire des réflexions dignes de son jugement exquis,*

5.

et de sa profonde literature. Racémius prit ensuite occasion de luy dire, que puisque de si grands personnages avoient usé des licences qu'il venoit de remarquer dans leurs œuvres, il le prioit de trouver bon qu'en faveur des hyménées Royaux dont toute la France retentissoit, il offrist pour son symbole, de réciter le lendemain ce qu'il avoit autrefois répondu à un ami, qui luy avoit fait une infinité de questions licentieuses sur les parties naturelles de l'un et de l'autre sexe. L'on accepta unanimement sa proposition, et Marulle mesme luy dit en raillant, qu'il n'ignoroit pas comme il y avoit longtems qu'après Zénon il faisoit profession de nommer ingénument toutes choses par leur nom. « Les disciples de ce Philosophe, » adjousta Ménalque, « se fondoient sur ce que n'y pouvant avoir de saleté ni aux choses physiques, ni aux paroles qui les interprétoient, il estoit aisé de conclure qu'il n'y avoit rien de honteux à dire en tout ce qu'on vouloit ordinairement faire passer pour tel : et Cicéron, si j'ai bonne mémoire, explique assez nettement, et par beaucoup d'exemples cette doctrine Stoïcienne, dans une de ses épistres familières. » Tant y a que l'estomach affamé de tous ceux de la compagnie, aussi bien que leurs horloges sonantes, les obligeant à se séparer, ils le firent en résolution d'entendre au premier jour Racémius sur un sujet si propre à son humeur, et à la liberté des Bacchanales dont ils voioient célébrer les cérémonies par toute la campagne.

L. 9. ep. 22.

## TROISIESME JOURNÉE

*La matinée suivante fut néanmoins si fascheuse, que Racémius jugea nécessaire d'envoyer avertir ses amis de remettre leur conférence à l'aprèsdinée. Il leur manda qu'après le repas il se trouveroit de bonne heure au réduit, se promettant qu'ils y auroient très-beau tems, parce que le brouillas commençoit à tomber, ce qui causeroit sans doute une agréable sérénité. Sa prophétie se trouva véritable, et par effet le Ciel ne les pouvoit pas favoriser d'une plus belle demi-journée. Leur* séance prise à l'ordinaire, un peu plus haut néanmoins que les autres fois, à cause que l'endroit accoustumé avoit esté rendu trop humide par le mauvais tems de la matinée, Racémius arrivé des premiers, leur voulant fournir l'entretien promis, se vit réduit à leur demander pardon d'une petite béveue. « Je pensois, » leur dit-il, « tirer de ma pochette la lettre dont je vous ai parlé, et que j'ai sans doute laissée sur ma table; mais puisque j'ai pris un autre papier pour elle, je vous demande ce peu de temps qu'il faut à mon Basque pour l'aller querir. Il a des jambes de son païs, qui est encore celuy des bons jambons. » L'on ne fit que rire de ce retardement, aussi-bien que de l'allusion; et Ménalque prit sujet cependant, sur le mot de pochette, dont s'estoit servi Racémius, de le railler pour n'avoir pas emploié celuy de poche, qu'il prétendoit estre en usage jusques dans les Romans. « Je laisse la poche aux Meusniers, » luy respondit brusquement Racémius, « et je vous soustiens de plus, que les Dames et les Cavaliers eussent rougi autrefois s'ils eussent dit poche pour pochette, le diminutif aiant quelque chose de plus convenable à leur condition. Mais après tout, n'estes-vous pas, Ménalque, l'homme de ce tems qui forme les plus rudes invectives contre ces esplucheurs de paroles, et mesme de syllabes; contre ce servum pecus Grammaticorum ? *Pour moi je renvoie tous ces prétendus Puristes à l'ancien proverbe,* Purus Grammaticus, purus Asinus.— Il est vrai, » dit Simonides qui avoit pris plaisir à la risposte, « qu'il n'y a rien de plus ridicule, ni de plus impertinent, ce me semble, que de donner tous ses soins à choisir de jolies dictions, et à former d'harmonieuses périodes, sans se soucier beaucoup des pensées, qui font la plus importante partie de l'oraison. Ceux qui sont de cette humeur (et il en est aujourd'huy plus que d'autres) ressemblent à la corneille d'Ésope, qui dans un grand caquet ne rend point d'augure; comme tous leurs discours, pour polis qu'ils paroissent, ne touchent point l'âme, et n'expriment rien dont l'on puisse tirer quelque profit. Ces périodes rondes dont ils font tant de cas, n'ont rien que de mesprisable, parce qu'elles sont creuses ou vuides de sens. Et c'est commettre un solécisme des oreilles, σολοιxίζειν περὶ τὴν ἀκρόασιν, s'il est permis de parler comme Plutarque, de prendre plaisir au récit de semblables discours, parce qu'ils chatouillent un peu l'oreille. Vous croiez bien que je ne dis pas cecy par un pur mespris de la belle élocution, ni de la haute éloquence. Il faut pourtant se souvenir toujours que Longinus, qui l'a si bien considérée, pose pour fondement qu'elle n'a rien de si contraire que le soin et le triage des beaux mots; ce qu'il attribue au plus bas genre d'oraison. J'aime autant que personne les termes élégans, et les nobles expressions; mais je veux avec Quintilien, que tout cela serve à expliquer un sens qui soit encore plus considérable, et qu'on ait plus de soin de celuy-ci, que de tout le reste : Curam ego verborum, rerum volo esse solicitudinem. Le trop grand attachement aux paroles et à leur arrangement est aussi blasmable, qu'un trop grand mespris sur cela me paroist condamnable; nescio negligentia in hoc, an solicitudo sit pejor. Tous les grands Orateurs Grecs et Romains ont esté de ce sentiment. »

L'arrivée sur cela du Basque de Racémius, qui luy présenta le papier qu'on attendoit, fit qu'on ne pensa plus qu'à sa lecture. Elle fut entamée par l'inscription qui estoit telle : Des parties appellées honteuses aux hommes et aux femmes. Et parce que cette composition estoit dressée en forme de lettre, dont Racémius n'avoit point voulu changer le stile ordinaire, elle commençoit de la sorte :

MONSIEUR,

Quand je n'aurois pas honte de respondre anatomiquement et en physicien aux questions que vous me faites, pour le moins dois-je estre retenu par quelque pudeur, d'y procéder comme il semble que vous le souhaitteriez. Je ne suis pas le premier qui distingue ces deux passions, la Honte, et la Pudeur ; et vous sçavez bien qu'encore qu'il y ait de mauvaises hontes, la pudeur n'est jamais condamnée, parce qu'elle est toujours honneste. Pausanias nous apprent que ce fut Icare qui fit bastir dans Lacédémone un temple à cette dernière, en faveur de sa fille Pénélope, et pour rendre célèbre son action

l. 3.

modeste, qui luy donnoit à connoistre qu'elle préféroit la compagnie d'Ulysse son mari à la sienne. Et Clément Alexandrin dit qu'Épiménide fut celuy qui érigea des autels dans Athènes à une Divinité fort opposée, qui estoit l'Impudence, dont il faloit que les Gentils fussent bien remplis, pour la mettre au rang des Dieux qu'ils adoroient. Tant y a que vous me voudriez traduire de Sparte dans cette dernière et sçavante ville, pour m'obliger à vous rapporter mille choses curieuses, comme vous les nommez, sur un sujet qui doit faire baisser la veue, et qui ne peut estre traitté trop respectueusement. N'attendez donc rien de moy à l'égard de plusieurs de vos demandes ;

*Adm. ad Gent.*

*Ovid. 2. Trist. eleg. 1.*

*Non adeo nostro fugit ab ore pudor.*

Et contentez-vous que je vai me contraindre beaucoup pour vous satisfaire aucunement, vous protestant que je ne me fusse jamais persuadé qu'une Lettre escrite autrefois, touchant les Eunuques, m'eust deu réduire à la nécessité que vous m'imposez de vous faire celle-cy.

Ce n'est qu'après les Latins, que nous

avons nommé honteuses ces parties de l'un et de l'autre sexe qu'ils appellèrent *Pudenda*, portez de ce secret mouvement que nous imprime la nature de les tenir pour telles en les cachant. Le mot *Veretrum*, qui désigne particulièrement le membre viril, n'est pas d'une origine plus obscure, *sic dictum quod natura vereatur illud nudare.* Je laisse le terme Grec αἰδοῖον, et celuy des autres langues, qui font voir que toutes les nations ont convenu de ce sentiment, d'avoir de la pudeur pour une chose, *quam ne ad cognitionem quidem admittere severioris notæ homines solent.* Petr. Arb.

Vous sçavez ce que dit le Bernia, de celuy qui ne portoit jamais la main là qu'avec le gand. Et après tout, le commandement que Dieu fait à Moyse, de ne monter jamais à l'autel par des degrez qui peussent faire voir ce que l'honnesteté nous apprend de tenir caché, enseigne assez ce qui doit estre observé pour ce regard : *Non ascendes per gradus ad altare meum, ne reveletur turpitudo tua.* Je n'ignore pas qu'on a voulu soustenir que ce qui est aujourd'huy réputé honteux en cela, ne doit pas estre estimé tel naturelle- Exod. c. 20.

ment, puisque nos premiers Parens ne couvrirent cet endroit, qu'après avoir perdu l'innocence, et estre décheus de l'estat de Grâce où ils avoient esté créez. Mais l'on ne sçauroit trop esviter les conséquences d'une opinion qui n'est embrassée par plusieurs personnes, que pour favoriser d'impudentes actions. La pensée de Paracelse est encore plus extravagante, selon que Vossius la rapporte au neufvième livre de son *Histoire de la Philosophie*. Il soustenoit que ces premiers auteurs de nostre estre n'avoient point les parties qui servent à la génération devant leur péché, et qu'elles leur vinrent depuis comme des écrouelles qui suppurèrent, *ut strumæ gutturi*.

Sans mentir, la Gentilité ne peut estre excusée d'avoir commis d'estranges effronteries là-dessus. Quel prodigieux aveuglement, de s'estre fait une divinité de cet instrument sous le nom de Priape, parce qu'il est le principe actif de la génération! A la vérité Strabon observe au treiziesme livre de sa *Géographie*, qu'Hésiode n'aiant point parlé de ce Dieu ridicule et infâme, il y a grande apparence que son apothéose, et son culte, sont des choses postérieures au temps de cet ancien Poëte. Et néanmoins Orphée l'aiant nommé, qui est d'un âge encore plus esloigné qu'Hésiode, Lilius Gyraldus semble avoir eu raison de reprendre sur cela Strabon. *Syntag. 8. p. 281.* Tant y a que chacun sçait comme il estoit particulièrement reconnu pour le Dieu des vignes et des jardins. Les Dames d'Égypte le portoient à la façon d'une relique, aux festes consacrées à son père Bacchus, selon le texte de Diodore Sicilien, qui veut qu'Isis eust institué cette cérémonie à l'honneur de son mari Osiris, pour immortaliser sa fécondité; les Grecs ayant depuis imité en cela les Égyptiens, comme en plusieurs autres choses. Et Saint Augustin adjouste dans sa *Cité de Dieu*, que la plus honorable matrone de toute la procession estoit obligée de mettre une couronne, devant tout le monde, sur ce membre toujours représenté d'une énorme figure. Le mesme Diodore asseure que la statue de Mercure estoit aussi taillée de telle sorte, qu'on lui voioit cette partie toute droite, dont il fait un mystère qu'il n'ose révéler. Peut-estre estoit-ce

*l. 1.*

*l. 7. c. 21.*

pour signifier que la plus grande éloquence seroit inutile en amour, si l'on n'y emploioit autre chose. Enfin la profanation du Paganisme est allée sur cela si avant par toute la terre, qu'on peut voir dans le troisiesme volume de Ramusio, comme les habitans de Panuco, province de l'Amérique Septentrionale, exposoient aux lieux publics, et adoroient dans leurs Temples ce membre plus honteusement, et avec des figures ou postures plus abominables, que n'en a jamais représenté l'Arétin. Lucien a fait un Traitté *de la Déesse Syrienne*, où il remarque encore, qu'aux processions dont nous venons de parler, ces vilaines représentations, que les Syriens nommoient *Phalles*, remuoient comme nos Marionnettes avec des cordes; ce qui les luy fait appeller *Automates*, et *Neurospastes*.

Or quoiqu'Aristote ait écrit au quatriesme livre *des parties des Animaux*, chapitre dixiesme, que ce membre est le seul qui croist et qui diminue sans qu'on soit malade; si est-ce que outre le Priapisme dont l'Empereur Héraclius mourut, tellement incommodé de cette

<small>Pompon. Lætus.</small>

maladie, qu'il ne pouvoit uriner sans se gaster le visage, si l'on n'eust mis un ais pour servir d'obstacle, *nisi tabula umbilico admota;* Galien a d'ailleurs fort bien observé, que dans les grandes convulsions de l'Épilepsie la verge bande, et jette mesme de la semence comme elle fait dans la Gonorhée. Je ne parle point à ce propos du grand Hérode, parce que le mot de *tentigo*, qui est dans la traduction fautive de Gélénius, et qui n'a rien de semblable dans le Grec de Josèphe, a donné lieu à l'erreur de ceux qui l'ont fait périr par ce bandage violent, aussi bien que par les poux. Mais il faut se souvenir que comme Aristote a inventé une Quinte-essence pour les Cieux, il s'est trouvé des Philosophes qui ont voulu attribuer à cette partie un sixieme sens, servant à la Volupté. D'autres l'ont considéré comme un animal séparé, *velut animal in animali;* et le mesme Aristote semble estre de ce sentiment au dernier chapitre de son Discours *du mouvement des animaux,* quand il dit, *cor, et genitale membrum, unumquodque velut separatum animal;* aussi ont-ils tous deux des mouvemens involontaires, et qui

l. 14. de usu part. c. 10.

l. 17. Ant. Jud. c. 8. et l. 1. de bello Jud. c. ult.

ne nous sont pas soumis. C'est ce qui fit prononcer à Diogène, luittant contre un jeune homme estonné de le voir bander : « N'ayez point de peur, je ne suis pas si mauvais, ni si à craindre que celuy-là », selon que Démétrius Phaléréus le rapporte dans son traitté *de l'Élocution*. Et comme Pline a escrit que les Lamproies ont l'âme dans la queue, un Poëte scandaleux a osé donner un esprit à la sienne, par cette infâme allusion,

<small>Hist. nat. l. 32. c. 2.</small>

.... *et habet mea Mentula mentem;*

ce qui couvre un libertinage accompagné d'impiété.

Mais il ne faut pas croire que la grandeur de cette partie soit de l'importance qu'on s'imagine. Aristote soustient qu'elle nuit plustost qu'elle ne sert à la génération : *Quibus penis immodicus, infœcundiores iis quibus mediocris, nam refrigeratur longo itinere et mora genitura.* Si nous en croyons d'ailleurs le Poëte satyrique,

<small>1. de gener. Anim. c. 7.</small>

<small>Juven. sat. 9.</small>

.... *fatum est in partibus illis*
*Quas sinus abscondit; nam si tibi sydera cessant,*
*Nil faciet longi mensura incognita nervi.*

Et vous auriez autant de ce membre que la Balene masle, à qui Cardan en attribue un de treze coudées; ou mesme vous le posséderiez aussi merveilleux que ces hommes dont parle Lucien, au second livre de ses *Histoires véritables*, qui renversez s'en servent de mast pour naviger, y attachant les voiles du vaisseau; que vous n'en seriez pas plus heureux ni plus affectionné pour cela, si vous n'avez de la fortune, ou si vous n'estes aimable par d'autres considérations : quelque chose qu'on dise de ceux qui ont esté héritiers *ad mensuram inguinis;* et quoi que voulust signifier cette corne d'Amalthée, que la profane Antiquité donnoit à son Priape. Si l'on pouvoit sans crime et sans folie souhaiter effrontément quelque chose là-dessus, ce devroit estre plustost d'en estre pourveu comme le poisson nommé *Tiburon* par Oviedo, qui l'a double, quoique sa femelle n'ait qu'un lieu destiné à la génération. J'adjouste ce seul mot, pour remarquer l'importance de cette partie, que les loix condamnent à perdre la vie ceux qui prennent par là leur Souverain; et que Villandry eschauffé y aiant saisi Charles

L. 7. de Var. c. 37.

Lil. Gyral. syn. 8. p. 282.

neufviesme qui l'estrangloit en jouant, pour luy faire quitter prise, l'histoire asseure qu'il eust esté fait mourir, sans la grâce qu'obtint pour luy l'Admiral de Chastillon, bien qu'elle eust esté refusée aux deux Reines et au duc de Montpensier.

<small>Aubig. tom. 2. p. 6.</small>

Vous vous attendez sans doute que je vous communique ensuite quelque chose, qui concerne ce que les femmes couvrent si soigneusement, et avec tant de pudeur. Et certes ce membre a un si grand rapport au nostre, que comme nous avons veu qu'on portoit la figure de ce dernier aux festes d'Osiris et de Bacchus, pour dire qu'il estoit le principe actif des générations; celuy des femmes recevoit le mesme honneur, aux célèbres Thesmophories des Syracusains, pour représenter le principe passif des mesmes générations. C'estoit durant cette cérémonie qu'on s'envoyoit par toute la Sicile des gasteaux faits, dit Athénée, avec le miel et le sésame, et qui s'appelloient *Mylles*, aiant la figure de la partie honteuse de la femme. Cicéron prouve à Papyrius Pætus que selon les Philosophes du Portique, le nom de cette mesme partie doit estre tenu

<small>l. 14. Deipn.</small>

<small>l. 9. ep. 22.</small>

d'autant moins déshonneste qu'il estoit propre à celuy qui monstroit à jouer de la guitarre à Socrate. Je vous renvoie là-dessus à ceux qui ont expliqué l'étymologie de ce nom, et particulièrement à ce qu'en escrivent le Chirurgien Pineau, et Martinius. Les Anciens, dit Eusèbe après Porphyre, le désignoient par un triangle. Mais d'autres plus effrontez en avoient de paste de froment, faits au naturel, et qu'ils mangeoient.

*De notis virg.*
*l. 3. præp. Ev. c. 7.*

*Illa siligineis pinguescit adultera cunnis.* — Martial.

Comme la dépravation des mœurs apprit à former de verre ces vases honteux et scandaleux,

*.... vitreo bibit ille Priapo,* — Juven. sat. 2.

le Roy d'Égypte Sésostris prit aussi la licence de représenter sur des colomnes cette partie féminine aux lieux qu'il avoit subjuguez sans combat; eslevant des Priapes où il avoit trouvé de la résistance. Hérodote tesmoigne dans sa seconde *Muse*, qu'il avoit veu de ces premières colomnes dans la Palestine. Tant y a que les femmes qui sont si malheureuses de nature, qu'elles ont besoin de l'aide des

Chirurgiens pour réformer ou accroistre ce qu'on appelle précisément leur Nature, sont sujettes, comme l'on a creu de tout tems, à beaucoup de disgrâces ; et Pline donne pour exemple de cela Cornélie, Mère des Gracches qui eurent un sort si calamiteux, quoiqu'elle les eust rendus par son instruction les plus éloquens hommes de leur siècle : *Quasdam concreto genitali gigni infausto omine Cornelia Gracchorum mater indicio est.* Certes le philtre ou charme de cet endroit est tel qu'il ne peut estre exprimé :

*Nam fuit ante Helenam cunnus teterrima belli Causa.*

Vous avez leu le reste dans la troisiesme satyre d'Horace. Jean Léon rapporte, dans le neufviesme livre de son *Histoire d'Afrique*, une chose estrange à ce propos, que si une femme rencontre un lion au commencement de l'hyver, lorsqu'il est en amour et le plus furieux, elle se troussant et luy monstrant sa nature, il baisse la teste, et sans luy faire mal prend une autre route en rugissant. C'est ce qui fit imaginer avec impiété aux Payens, que

*Nat. hist. l. 7. c. 16.*

leur Dieu mesme prenoit plaisir à regarder ce sexe à descouvert. Les femmes Égyptiennes se monstroient pour cela les jupes troussées durant quarante jours à leur nouveau Apis; comme s'il eust esté de l'humeur de cet infâme Romain, *Diod. Sic. l. 1.*

.... *mirator cunni Cupiennius albi.* Hor. l. 1. sat. 2.

Et Origène leur reproche, réfutant l'Épicurien Celsus, qu'ils croioient que leur Apollon entroit par là dans le ventre des Sibylles pour rendre ses Oracles : *Mulierem numen concipere per eas partes, quas conspicere nefas prudens vir ducat.* Clément Alexandrin asseure de mesme dans son *Admonition aux Gentils*, qu'ils avoient dans leurs sacrifices nocturnes cette représentation impure et scandaleuse. Si est-ce qu'on peut dire sans rien exaggérer davantage, que la situation de son original n'est pas sans dégoust; ce qui obligea quelqu'un qui ne manquoit pas d'odorat, à s'escrier,

*Desinit in piscem mulier formosa superne.*

Et c'est ce qui a donné lieu à la sévère invective de Sénèque, contre le luxe et la *De vita beat. c. 11.*

luxure des Dames de Rome qui se parfumoient jusques-là ; *et ne nares interim cessent, odoribus variis inficitur locus ipse, in quo luxuriæ parentatur.* Le Père François Alvarez s'est contenté de dire que les filles Abyssines portent par galanterie de petites campanes ou clochettes, qui battent sur cet endroit : et le Vénitien Cadamoste, que vers le Cap de Saigre, les femmes des Rois et des plus grands Seigneurs de la coste de Guinée, ont les extrémitez de leur Nature percées comme leurs oreilles, plaçant en tous lieux des anneaux d'or, qu'elles ostent et remettent quand bon leur semble. Mais c'est par trop s'arrester sur des choses qui font voir l'extrémité de nos dissolutions, et leur estendue par toute la terre. Ne m'obligez plus, je vous supplie, à de semblables discours.

*Racémius, en achevant, fit faire une ronde à sa veue, pour observer s'il remarqueroit sur le visage de ses auditeurs, et particulièrement sur celuy d'Égisthe, quelque marque de dégoust, et de s'estre scandalisez de la liberté de ses paroles. Mais tant s'en faut qu'il y apperceut rien de tel, qu'au* contraire il reconnut en tous un certain air d'entière satisfaction; et Ménalque ne se pouvant tenir de luy en donner le parabien à l'Espagnole, adjouta qu'il ne croioit pas que rien pust mieux succéder à cette lecture, que celle de l'explication de l'Antre des Nymphes, qu'avoit faite Tubertus Ocella il y avoit longtems. Celuy-ci désirant s'en excuser d'abord, tesmoigna qu'il choisiroit volontiers un autre sujet; mais comme il se vid pressé par tant de personnes qu'il honoroit si fort, et dont il connoissoit le génie, il leur promit que s'il ne les satisfaisoit pleinement, parce que la pièce dont leur avoit parlé Ménalque se trouvoit supprimée, du moins leur en dresseroit-il un sommaire qui pourroit contenter leur curiosité. Sur cela les trois brigades prirent congé les unes des autres jusques au lendemain matin.

## QUATRIESME JOURNÉE

A la première pointe des rayons du Soleil, le matineux Marulle mettant la teste à la fenestre, et voiant un berger qui conduisoit son troupeau de brebis vers les lieux qu'il connoissoit les plus propres à leur nourriture, fit à peu près la mesme réflexion dont usoit l'orateur Démosthène, quand il entendoit dans son lict les manœuvres d'Athènes, antelucanas operas, qui s'alloient acquitter de leur vil mestier pour une fort petite récompense. Est-il possible, se reprocha-t-il à luy-mesme, qu'un homme de si basse condition, et d'une âme si peu esclairée qu'est vraisemblablement ce pasteur, soit plus diligent que moy à se mettre en campagne, m'y pouvant promettre de tous autres contentemens que luy, avec l'avantage d'enrichir mon esprit de ce que la sçavante compagnie qui s'y doit rendre, m'apprendra infailliblement? Dans cette pensée, il ne donna point de patience à Simonides qu'ils n'eussent pris ensemble le chemin du rendez-vous, où les autres ne s'estoient pas moins hastez d'arriver. La joie secrette de se voir, et la beauté du jour leur inspiroit une certaine gayeté qui se ressent mieux qu'elle ne s'exprime. Cela fit dire à un de la troupe, ravi des charmes de la campagne, que la belle assiette de l'endroit où ils estoient leur descouvroit de toutes parts, que les Anciens avoient eu raison d'establir le mesme Dieu Pan, qui estoit particulierement celuy des hommes champestres, pour le Dieu visible de toute la Nature ; parce qu'elle ne se reconnoissoit nulle part si bien qu'aux lieux les plus escartez des villes. « Aussi ne doit-on pas se promettre, » adjousta Marulle, « d'esprouver ailleurs les grâces du vray Dieu aussi sensiblement, que l'on fait parmi les chams, et dans la solitude, dont il a dit luy-mesme qu'il faisoit la plus riante partie : Ego sum flos campi, et lilium convallium ; ce qu'il n'a jamais prononcé des citez, quelque grandes et magnifiques qu'elles fussent. Quant à moy je croy me pouvoir vanter avec plus de raison que ne faisoit Cicéron, de trouver dans les retraittes que je pratique parfois, des douceurs qu'en vain je rechercherois autre part : Mihi solitudo et recessus provincia est. Et je vous proteste sans fiction que toutes les extases dont Pline le Jeune fait la description à Minutius Fundanus pour les avoir ressenties dans son Laurentinum, me paroissent très-vraisem-

l. 12
ep. 25.
ad Attic.

l. 1. ep. 9.

blables par celles que me donne ce petit Timonium, où vous sçavez que je me cache assez souvent. — A ce que je puis comprendre, » dit exprès Égisthe pour engager à la lecture, « vous recevrez de merveilleux contentemens dans cette spélunque solitaire où vous allez estre conduits. » *Tubertus Ocella* voiant que cela s'addressoit à luy, prit en main un papier dont la suscription estoit en grosses lettres : *DE L'ANTRE DES NYMPHES*; et le silence que l'on fit, l'obligea d'y lire ce qui suit :

Je ne prétends pas vous faire passer ma jeunesse pour avoir esté des plus innocentes. Elle a eu ses transports, et ses saillies, dont je ne puis me souvenir sans tomber dans une honteuse confusion. Tout de bon, je ne me reploie jamais vers ce tems-là, et ne me remets en mémoire ces esgaremens passez, sans admirer les mauvais pas que j'y ay faits, et sans dire tout estonné après Salomon : *Tria sunt difficilia mihi, et quartum penitus ignoro, viam aquilæ in cœlo, viam colubri super terram, viam navis in medio mari, et viam viri in adolescentia.* Mais cet aveu plein de fran-

Prov. c. 30.

chise ne m'empeschera pas de vous dire que quelques-uns ont pris avec un peu trop de sévérité, pour ne pas dire d'injustice, l'interprétation que je donnai durant mes premières estudes à cet Antre des Nymphes qu'Homère a si curieusement descrit au troisiesme livre de son *Odyssée*. En effet je ne voy pas de quelle façon l'on pourroit défendre un jugement rendu, comme l'on dit, sur l'étiquette du sac, d'un ouvrage qu'à pene l'on avoit entreveu, dont personne n'a jamais eu de copie, et qui ne contenoit aucune des licences que l'on s'estoit imaginées sur ce que j'ai pris cet Antre pour un lieu consacré à l'Amour. S'il faloit ainsi juger de tous les autheurs qui ont choisi pour thème des matières assez gaillardes, non seulement le *Centon* d'Ausone, et les *Hendécasyllabes* de Pline le Jeune, les eussent diffamez à perpétuité: mais Platon mesme et Xénophon auroient bien de la pene à s'excuser des libertez qu'ils se sont données dans leurs compositions. L'on peut dire de plus, que généralement parlant il se feroit les plus extravagans jugemens du monde de tous ceux qui ont escrit.

7.

<small>Ovid. 1. Trist.</small> *Accius esset atrox, conviva Terentius esset,*
*Essent pugnaces qui fera bella canunt.*

<small>Ex Polib. in exc. Const.</small> Aussi la fausseté de ce raisonnement faisoit autrefois soustenir à Timée, qu'Homère et Aristote avoient esté de grands goulus, ce dernier aiant souvent parlé de l'assaisonnement des vivres; et le premier emploié plusieurs fois le mot διαιτρεύειν, qui veut dire distribuer des viandes. Et si de telles conséquences estoient bonnes, comme Virgile passeroit nécessairement pour un grand homme de guerre, et Dioscoride pour un infâme empoisonneur; les pieuses méditations de l'Arétin prouveroient sa saincteté, et les belles sentences de Sénèque au sujet de la pauvreté, le feroient croire nécessiteux, nonobstant les sept millions d'or qu'on lui attribue, et ses huit cens mille livres de revenu. C'est une partie de ce que je disois pour excuse dans la Préface de cet escrit qui n'est plus, et dont ne vous pouvant par conséquent accorder la communication, j'aurai néanmoins assez de complaisance pour vous dire en peu de mots où alloit sa mythologie.

La description de cet Antre, faite par Homère, contient onze vers Grecs, rendus par onze Latins que j'aime mieux vous lire, de crainte qu'une trop longue suite de Grec ne vous importunast.

*Stat ramis diffusa in portus vertice Oliva,*
*Quam propter jucundum antrum obscurumque*
[*recedit,*
*Sacra domus Nymphis, quæ Naiades indigitantur.*
*Intus crateres, patulæque ex marmore vivo*
*Amphoræ; apes dulci qua ponunt mella susurro.*
*Saxea sunt intus quoque stamina longa, ubi*
[*Nymphæ*
*Purpureas texunt telas, mirabile visu.*
*Intus purpurei latices. Sed janua duplex :*
*Hæc Boream spectans homines admittit; at illa*
*Respiciens Austrum divinior, invia prorsus*
*Est homini, præbetque viam immortalibus unis.*

Or, soit que ce lieu fust véritablement dans l'Isle d'Ithaque, comme Artémidore Ephésien l'a soustenu; soit qu'il y ait esté cherché en vain par tous les Géographes, selon que Strabon l'escrit, et qu'un Cronius l'asseuroit au rapport de Porphyre : Homère s'est pleu vraisemblablement à le représenter, comme un peintre fait quelque agréable paisage dans un tableau, sans peut-estre y entendre de plus grande finesse. Mais vous n'ignorez pas qu'outre le sens litéral et historique, l'*Odyssée* et l'*Iliade* de ce poëte en ont toujours receu un mystique, ou moral; et qu'outre l'Allégorie générale de ces deux poëmes, beaucoup de leurs pièces particulières ont esté diversement interprétées. C'est ce qui porta entre autres Malchus, qui s'est donné le nom de Porphyre, à faire un traitté assez diffus, pour prouver que le monde entier est représenté par cet Antre, dont les deux portes sont celles de la vie et de la mort ; les Nymphes y estant mises pour les âmes qui s'accommodent aux générations ou aux corruptions consécutives, et le reste s'y trouvant approprié de mesme à cette première imagination. Pour moy je ne voy pas plus d'apparence à ce sens physique, qu'à ce que disoit Appion le Grammairien, que les deux premières lettres du premier vers de l'*Iliade* avoient esté mystérieusement choisies par ce Prince du Parnasse, parce qu'elles désignent le nombre de quarante-huit, qui est celuy des livres de la mesme *Iliade* joints à ceux de l'*Odyssée*. Et il me sembla après avoir leu l'explication de Porphyre, que s'il faloit chimériser sur ce qui n'est rien possible qu'un pur caprice d'Homère, on pouvoit interpréter bien plus naturellement, et plus vraisemblablement cet Antre des Nymphes.

Car présupposé, comme l'on a toujours fait, que les erreurs d'Ulysse, puisqu'on nomme ainsi ses divers voiages, sont la figure de la vie humaine, et que son amour pour Pénélope est la représentation de ce qui s'y ressent tous les jours; ne peut-on pas dire que le Poëte s'est pleu dans son *Odyssée* à désigner énigmatiquement l'objet de la plus violente passion de ce Héros? Les Grecs ont esté les premiers Peintres du Monde à bien tirer les linéamens de nos âmes, en représentant naïvements leurs plus secrettes inclinations : et ce qui me fait croire qu'Homère a voulu emploier icy ce bel artifice, c'est l'impatience où il fait voir Ulysse au vingt-troisiesme livre, d'en venir aux dernières privautez avec sa femme. Elle ne l'avoit presque pas encore bien reconnu, et à pene luy avoit-il dit trois mots, qu'il commande brusquement et tout transporté, à sa nourrice Euriclée, de leur aller préparer le lit pour se coucher. L'on peut donc croire que par la mesme figure Homère s'est encore donné la licence de faire voir par cet Antre des Nymphes ce qui occupoit le plus agréablement l'imagination du Prince d'Ithaque, lorsqu'après vingt ans d'absence il y fit sa première descente. Ne me demandez pas ici tous les rapports, ni tous les ajustemens que j'y pus trouver autrefois : je n'ai ni la volonté, ni le pouvoir de m'en souvenir : en voici seulement quelque petit sommaire pour m'accommoder à vostre curiosité.

Le premier vers parle d'un Port, et d'un Olivier qui paroist au-dessus. Vous sçavez ce que toutes les Langues ont entendu métaphoriquement par le port d'amour, et combien il me fut aisé d'en donner des authoritez. Quant à l'Olivier qui croist au dessus de ce port, c'est apparemment la plante dont le premier ject annonce le tems de la Puberté, et qui aux personnes avancées dans l'âge, comme l'estoit Pénélope, devient τανύφυλλος ἐλαίη, *ramosa oliva;* ce que les Grecs ont autrement exprimé par le mot γυναικομύσταξ. Mais deux raisons ont fait qu'Homère a choisi l'Olivier entre tous les arbres ; l'une qu'il est le symbole de la paix, et l'autre que s'il donne de l'huile fort douce, il ne laisse pas de produire des olives tres-aspres et tres-amères. Souvenez-vous là-dessus pourquoi Cupidon est surnommé γλυχύ-πιχρος, doux-amer; et considérant qu'il faut beaucoup d'olives pour tirer de l'huile en assez petite quantité, jugez si l'Espagnol n'a pas eu raison de dire :

> *Guerra, caça, y amores,*
> *Por un plaçer mil dolores.*

Quoy qu'il en soit, il ne pouvoit mieux mettre cet Olivier, qu'au lieu où s'appaisent naturellement les plus grandes inimitiez.

> *Oscula da flenti, Veneris da gaudia flenti,*    l. 2. de
>   *Pax erit : hoc uno solvitur ira modo.*    Arte am.
> *Cum bene sævierit, cum certa videbitur hostis,*
>   *Tunc pete concubitus fœdera : mitis erit.*
> *Illic depositis habitat concordia telis;*
>   *Illo, crede mihi, gratia nata loco est.*

Difficilement peut-on citer un autheur là-dessus de plus de considération qu'Ovide.

L'Antre que couvre cet arbre, n'a pas besoin de vous estre expliqué, non plus que son obscurité qui a ses grâces en cet endroit, aussi bien qu'ailleurs la lumière. Il y a d'agréables ténèbres, où néantmoins vous n'ignorez pas que les plus clairvoyans sont souvent trompez Mais la demeure sacrée des Nymphes Naïades au dedans semble estre tirée des propres termes de l'Anatomie, qui ne nomme point autrement que Nymphes ces deux membranes aislées, qui servent à la conduite des eaux jusques sur les bords de l'Antre dont nous parlons. Les tasses, et les vaisseaux de marbre qui sont au dedans, et où les abeilles déposent leur miel avec un doux murmure, me portèrent à diverses reflexions. Car pour ce qui touche les abeilles, il me souvenoit de ce que j'avois leu de mignard dans Théocrite, et dans Anacréon; que le Dieu d'Amour aiant receu d'elles une piqueure, sa mère, au lieu de le plaindre, ne fit que s'en rire, luy reprochant qu'il faisoit tous les jours de son piqueron des plaies beaucoup plus dangereuses. En effet il y a tant de rapport entre sa flèche et l'aiguillon de ce petit insecte, que nous ne prononçons rien plus ordinairement, qu'estre piqué d'amour, comme es Latins ont toujours dit des amoureux, qu'ils estoient *amoris œstro perciti*.

Quant au miel, qu'a-t-il qui ne convienne avec cette douce liqueur qui perpétue le genre humain? Quelques Physiciens la font descendre du cerveau, d'autres de l'espine médullaire seulement, et il y en a qui asseurent qu'elle vient de toutes les parties du corps. L'origine du miel n'est pas plus certaine, puisque Pline, qui semble avoir eu des ruches de cette pierre spéculaire, dont il parle quelque part, pour contempler exactement, comme il a fait, la petite république des abeilles, n'a pu déterminer pourtant de quoy leur miel estoit composé: *Sive ille est cœli sudor, sive quædam siderum saliva, sive purgantis se aeris succus.* Je m'estendois fort sur ce miel de Corse et de Sardaigne, que les fleurs soit de buis, soit d'absinthe, rendent amer, pour estre le parfait symbole des divertissemens d'amour, qui se changent si aisément, et si souvent en de cuisans déplaisirs. L'Empereur Julien soustient mesme dans une de ses épistres, par l'authorité d'Hippocrate, que toute sorte de miel est amer, parce qu'il n'y en a point qui ne se convertisse aussitost en bile; et que c'est pour cela qu'Homère ne luy a jamais donné l'épithete de doux, s'estant contenté de celuy de jaune ou de roux. Il est impossible d'avoir aimé sans faire avec facilité la réduction de cette pensée à nostre sujet. L'Ode d'Anacréon ne le favorise pas moins, représentant

l. 11. Hist. nat. c. 12.

Ep. 24.

Vulcain qui fabrique des flèches pour les petits Dieux d'Amour, et Vénus qui les destrempe dans du miel, au mesme tems que Cupidon leur donne une seconde trempe de fiel. Mais de tous les miels celui de Colchos, ou d'Héraclée, qui porte à la démence, et que Pline nomme pour cela *mænomene*, ou insensé, a sans doute le plus de rapport à ce miel métaphorique de l'Antre des Nymphes. Les tournoiemens de teste que cause ce dernier, sont encore plus certains, et plus à craindre, puisqu'on ne peut nier qu'outre Salomon, une infinité de grands personnages n'en ayent ressenti les effets par une déplorable subversion d'esprit.

Il faut que j'adjoute ici en passant une petite observation touchant le miel, où me convie l'estime que de mes amis ont voulu donner à ce que j'ai remarqué dans la Physique *** d'un miel de l'oiseau Anthredon, et de celuy de certains hommes d'Afrique qui en composent de ce qu'ils ramassent sur les fleurs aussi heureusement que les abeilles. Une relation récente de Madagascar m'apprend, qu'outre le miel des mouches semblables à celles qui le font

<small>Flacourt</small>

ici, et sans parler de quelques autres qui sont vertes, et qui en donnent encore, non plus que de certains papillons qui ont la mesme industrie; il y a une quatriesme sorte de miel très-excellent, que font des fourmis aislez dans le creux des arbres, et d'autres plus gros qui n'ont point d'aisles, dans des mottes de terre. Tant y a que la douceur de ce quatriesme miel n'estant pas d'autre condition que celle du commun, n'a pas aussi moins d'analogie avec celui qui se conserve dans l'Antre descrit par Homère.

Pour le regard du murmure agréable dont il parle, ce sont sans doute ces paroles obligeantes des amants, cet *ohime cor mio* des Italiens, ce ζωὴ καὶ ψυχή des Grecs et cet *alma de mi alma* des Espagnols, qui accompagnent les plus favorables privautez, et qui font dire au plus sçavant de tous les Poëtes en l'art d'aimer :

*Accedant questus, accedat amabile murmur,*
*Et dulces gemitus, aptaque verba joco.*  2. de Arte am.

Voiez comme il en parle ailleurs :

*Et mihi blanditias dixit, dominumque vocavit,*
*Et quæ præterea publica verba juvant.*  3. Amor. el. 6.

Je ne vous apprendrai pas que le terme

*juvare* est tout-à-fait *érotique*, et consacré aux dernières délices de l'Amour, qu'expriment encore, aussi bien que le murmure, ces deux vers du mesme autheur :

<small>2. de Arte am.</small> *Me voces audire juvat sua gaudia fassas,*
*Utque morer, me, me, sustineamque roget.*

En vérité tous ces propos charmans sont tels, qu'il est difficile de décider lequel doit passer pour le plus doux, ou du miel, ou du murmure qui le précède, qui l'accompagne, et qui le suit. L'épithalame célèbre de l'Empereur Gallienus, que Trébellius Pollio préfère à ceux de cent Poëtes qui s'exercèrent aussi sur le mesme sujet, représente merveilleusement bien encore ce sourd et obligeant murmure, et les caresses qui en sont inséparables. L'on veut que tenant la main des enfans de ses frères qu'il marioit, il leur prononçast ces vers de sa façon :

*Ite, ite, o pueri, pariter sudate medullis*
*Omnibus inter vos ! non Murmura vestra columbæ,*
*Brachia non hederæ, non vincant oscula conchæ !*

Certes il est difficile de rien dire de plus pathétique, ou de plus passionné là-dessus ; et je pense que vous n'improuverez pas la correction du premier vers, où le second *ite* tient la place d'un *ait* tout-à-fait impropre, et qui n'y peut estre supporté.

Les tasses, et les urnes de marbre qui servent de récipiens à ce précieux miel, ne peuvent estre dans nostre explication que le *Uterus*, nommé par les Escholes un *viscère presque animé*, avec ses *apophises*, ou éminences membraneuses, que Dioclès a le premier appellées *Cornes*, et jusques où le miel se porte parfois. Leur solidité est signifiée par le marbre, avec la mesme figure qu'on dit souvent un cœur de roche, ou de diamant. Et l'opinion de ceux qui font fermer cette partie si juste après la réception du miel, que ni le bout du bistori, ni mesme la pointe de l'aiguille n'en puisse ouvrir l'orifice, justifie assez l'expression d'Homère.

Quand il dit que les Naïades ont tissu dans cet Antre d'admirables toiles de pourpre, il semble que ce bon aveugle ait pris plaisir à décrire les quatre caruncules qui composent l'*hymen* des Grecs, ou l'*eugium* des Latins posé justement au-dessus des Nymphes, et qui font cette fleur de virginité que le médecin Pineau a le premier nommée un Œillet. Le mot θαῦμα ἰδέσθαι, *mirabile visu*, peut recevoir une interprétation ou morale, ou physique. La morale se prend de la pensée d'Ésope, qui fait dire à un bonhomme porteur de deux jeunes filles, qu'il n'eust pas voulu répondre du pucelage de celle qui estoit derrière luy. La physique regarde les grandes contestations qui sont entre les Anatomistes touchant cette marque de la virginité, n'y aiant point de question dans toute la science du corps humain, qui soit plus opiniastrement disputée; jusques-là que le rapport de ceux qui ont fait des dissections de filles en tous âges, se trouve presque toujours différent. La dureté de roc dont il parle, *saxea stamina*, exprime ici la difficulté de la défloration et le violent effort dont la Déesse *Pertunda* est contrainte d'user pour faire remporter une sanglante victoire.

Les eaux coulantes du huitiesme vers sont très-propres aux Nymphes Naïades dont nous avons déjà parlé, et ne font pas une des moindres convenances qu'il y ait entre la spélunque énigmatique du Poëte, et la naturelle.

Ne vous attendez pas que je vous récite en suite l'explication de ces deux portes qui finissent nostre thème. Celle qu'il attribue aux Dieux seuls, et à laquelle *Venus postica* présidoit, oblige à considérer des vices dont les Grecs et les Latins n'ont parlé que trop licentieusement, puisque la Nature les condamne. Cependant le Ciel des Payens estoit rempli de ces criminelles profanations. Ils permettoient à leurs Dieux, et à leurs Héros ce qu'ils défendoient au reste des hommes;

*Sunt superis sua jura...,*

dit Ovide sur un autre déréglement incestueux. Et vous avez leu dans Plutarque en plus d'un lieu, que Solon permit aux Esclaves une sorte d'amour, leur en défendant une autre que ceux de ce païs-là nommoient plus noble, encore qu'elle fust très-détestable. Nostre langage, pour ne rien dire de nos mœurs, est Dieu merci plus retenu que le leur; et je ne veux pas vous obliger à l'action de Socrate, qui se couvrit du manteau le visage au récit de quelques saletez. Il vaut bien mieux se taire, que d'imiter ce Rhéteur Espagnol Antonius Julianus, qui met aussi dans Aulu-Gelle la teste sous sa robe, pour prononcer des vers

*In amat. et in Solone.*

*Noct. Att. l. 19. c. 9.*

par trop impudiques. Ce que je fus contraint de dire autrefois, pour rendre mon interprétation plus vraisemblable, me feroit à présent rougir. Et selon que j'envisage les choses à présent, quelque excuse que puisse prendre un Commentateur sur la nécessité où le met son texte, il luy sera toujours plus séant de supprimer que d'esclaircir une mauvaise pensée : *Quædam satius est causæ detrimento tacere, quam verecundiæ dicere* : maxime qui n'a pas moins icy de lieu que dans la plaidoirie. Ce n'est pas qu'on ne puisse philosopher parfois avec un peu de liberté sur l'amour, principalement quand l'on paraphrase, comme j'ay fait ici, les anciens, puisque selon le vers de Martianus Capella :

<small>Quintil. in contr.</small>

<small>Lib. 7.</small> *In Veneris agro Pallas sibi vindicat usum.*

Mais après ce que vous venez de tirer de moy avec possible trop de complaisance de ma part, vous seriez du tout injustes d'en exiger davantage. Peut-estre serez-vous contraints d'avouer, nonobstant mon abréviation, que si l'interprétation de Malchus est plus sérieuse, elle n'est pas plus facile, **ni plus naïfve que celle-ci.**

On lisoit sur le visage de Tubertus Ocella une certaine honte modeste accompagnée de crainte qu'il n'eust excédé les bornes de la pudeur, qui fait parmi les honnestes gens l'assaisonnement de toutes leurs conversations. Mais ils le regardèrent tous avec des yeux qui le remplirent d'asseurance, quoy qu'il ne laissast pas de leur dire, qu'encore que sa principale excuse, s'il avoit failli, fust fondée sur la nécessité où ils l'avoient mis de leur obéir; il ressentoit je ne sçai quoy dans l'intérieur qui le consoloit, comme n'estant pas des plus enfoncez dans le vice, puisque la repentance suivoit ses péchez de si près :

Geminat peccatum quem delicti non pudet.    Laber.

Simonides luy respondit que sa faute, s'il en avoit commis, commençoit par son excuse, parce que tout ce qui avoit précédé, n'avoit rien qui fust indigne de luy, ni de sa plus rigoureuse morale. Et Ménalque estoit prest de le gourmander sur son humeur par trop retenue, s'il n'eust esté interrompu par la demande qu'on luy fit, s'il ne vouloit pas le lendemain contenter la compagnie de ce qu'il luy devoit

« *Pour le contentement* », dit-il en souriant, « *je m'en rapporte au succès que pourra recevoir le discours que je vous prépare; mais cependant je vous remercie de ne vouloir pas qu'il soit le dernier, cette place d'estime devant estre réservée pour celuy de Simonides, comme l'on garde toujours les meilleurs morceaux, et ce que la table doit avoir de plus délicieux, pour la fin des repas.* » Si l'heure avancée n'eust été comme une eau de départ qui les obligeoit tous à se séparer, il eust pu se former là-dessus entre ces deux qui restoient à parler, une assez civile conversation. Mais ils se contentèrent de quelques légères déférences, et chacun se retira sur le midi à l'accoustumée.

## CINQUIESME JOURNÉE

*La conversation des gens d'honneur et de mérite a cet avantage, qu'outre qu'elle est toujours utile, elle ne donne jamais le moindre dégoust. Il n'en est pas de mesme de celle des autres, qui a des effets tout* contraires. Beaucoup de personnes ont des génies si insociables, que de penser seulement à les réunir, c'est vouloir faire croistre ensemble la vigne et le coudrier, ou pour parler avec Virgile, corylum inter vites serere. Il faut les esviter autant que l'on est ami du repos et des douceurs de la vie, tenant pour asseuré que l'ombre dangereuse de ces arbres d'Arcadie dont l'on a parlé, n'estoit point si à craindre, encore qu'elle fust fort contagieuse, que la fréquentation de ceux qui me font dire ceci. L'Histoire des Isles Antilles représente d'autres arbres qui peuvent bien leur estre encore comparez. Elle nomme ces arbres Manceliniers, et leur attribue cette malignité de faire enfler mortellement le corps à ceux qui se reposent dessous. N'est-ce pas la mesme chose de la hantise avec de certains hommes, d'auprès de qui l'on ne se retire jamais qu'avec désavantage, soit du coste des mœurs et de la volonté qu'ils corrompent, soit pour ce qui touche l'entendement, qui ne pouvant profiter ny s'esclaircir avec eux, s'enrouille et perd ce qu'il avoit de meilleur? Certes la compagnie des personnes studieuses que je représente est

lib. 2. Georg.

merveilleusement à priser, et je conçois aisément l'impatience que chacun d'eux avoit de se revoir au plutost. Si est-ce qu'ils en furent empeschez et contraints de garder la chambre cette seconde matinée, à cause d'une pluie qui sans estre continue, ne laissa pas de les obliger à différer la promenade, et par conséquent leur plaisir ordinaire jusques après le disner. Ce retardement fut avantageux à Ménalque, parce qu'il avoit eu beaucoup plus à escrire que les autres. Aussi leur dit-il avec une gaieté poëtique, lorsqu'ils furent tous arrivez après midi au lieu qu'ils avoient nommé leur Belveder, qu'il les prioit d'excuser l'Aurore, qui s'estant souvenue de la mort de son cher fils Memnon, n'avoit pu s'empescher de le pleurer tout le matin, de quoy il ne pouvoit luy sçavoir de mauvais gré. Il leur en expliqua la raison, et les avertit de se préparer à une audience d'un peu plus de durée que celle des jours précédens ; outre qu'elle n'estoit pas si divertissante, parce qu'il avoit pris un thême moins enjoué. « Je m'y déterminai, » adjouta-t-il, « dès l'heure que Racémius déclama si bien contre les Puristes, et Simonides ensuite contre les corrupteurs de la vraie Éloquence. En effet aiant toujours beaucoup estimé celle de Balzac, que je sçai que vous prisez aussi autant qu'il se peut; j'ay creu que vous n'entendriez pas mal volontiers de petites réflexions que j'ai faites sur quelques-uns de ses ouvrages, et pour cela j'ai donné pour titre à mon écrit : De l'Éloquence de Balzac. S'il vous plaist vous entendrez le reste, que je commence ainsi : »

Ce ne fut pas moy qui avançai dans une certaine compagnie, que le jugement n'estoit pas la partie despotique ou dominante dans l'esprit de Balzac, encore que souvent il se soit plaint de sa mauvaise mémoire pour tirer de l'avantage du premier. Mais je vous avoue que je ne m'y opposai pas formellement, ni à l'opinion de ceux qui mettoient ce qui avoit esté imprimé de luy le dernier, beaucoup au dessous de ses premières compositions. Tout ce qu'il a fait m'a toujours fort plu en diverses façons, et j'ay souvent soustenu que difficilement pouvoit-on coucher en plus beaux termes les choses qu'il disoit, mais qu'à la vérité

assez de personnes ne les eussent pas voulu
dire, et en eussent peut-estre substitué
d'autres en leur place, qui se fussent trou-
vées plus appropriées à ce qu'il traittoit.
Tant y a qu'on ne sçauroit nier avec raison
qu'il n'ait extrêmement mérité de nostre
langue; et s'il eust pu attendre là-dessus
les louanges qu'il vouloit extorquer presque par force, je pense que peu de personnes les luy eussent refusées. Que vou-
lez-vous? tout le monde a son foible, le
sien estoit de ce costé-là; et ceux qui pour
luy complaire, ou par raillerie, inventoient
en sa faveur des termes nouveaux de Héros
hyper-illustrissime, et autres semblables,
achevèrent de perdre l'esprit de ce siècle
le plus ambitieux, au lieu de le remener
doucement à la modération, s'il en eust esté
capable. Pour le surplus, j'ai toujours condamné le violent et injurieux procédé
qu'on a tenu contre luy, et qui selon moy
estoit plutost un témoignage de ce qu'il
valoit, qu'autrement. L'on ne voit guères
de beau Soleil se lever, que beaucoup
de vapeurs ne taschent d'obscurcir sa
lumière; et il y a de mauvaises herbes qui
s'eslèvent toujours à la naissance d'une rare

plante, comme pour l'estouffer. Mais puisqu'il a fini sa carrière, et que l'envie cesse, ou doit cesser, contre ce qui n'est plus en veue, selon la signification du mot Latin *invidere ;* ce seroit à présent une honte de n'estre pas plus équitable en son endroit.

*Pascitur in vivis livor, post fata quiescit.*
*Tunc suus ex merito quemque tuetur honor.*

Ov. 1.
Am. el.
ult.

En vérité, c'est une chose étrange à considérer, qu'on se puisse défaire des autres Monstres en les tuant ; et que la seule Envie, qui en est un grand, ne puisse estre surmontée que par la mort de celuy qui en est attaqué. Laissant donc à part tout ce qui a esté escrit, et qui peut estre dit contre ses *Lettres,* contre son *Prince,* et contre le reste de ses autres ouvrages, je vous ferai seulement deux ou trois petites observations sur son *Aristippe,* qu'il appelloit son chef-d'œuvre, et sur ses *Entretiens* qu'on vient de publier; pour vous justifier dans un discours secret, et que je ne dresse nullement pour estre publié, qu'il n'a pas toujours employé sa belle manière de s'expliquer, ni avec jugement, ni en des pensées légitimes et dignes de son éloquence.

Déjà le titre de son livre, *Aristippe ou de la Cour*, est le plus mal imposé, et le moins raisonnable de tous ceux qu'on luy pouvoit donner. Si son Discours eust esté à l'avantage de cette mesme Cour, et qu'il eust voulu la flater, le nom de ce Philosophe qui applaudit autrefois à tous les vices du Tyran de Sicile, qui souffrit ses crachats, qui dansa devant luy en habit indécent, et qui s'accommoda à toutes les débauches de ses Courtisans, eust esté sans doute fort bien emploié. Mais de le donner à un Gentilhomme du Lantgrave de Hesse, pour luy faire prononcer des invectives contre les Cours de ce tems, ce qui fait le sujet et la matière de toute sa composition, c'est broncher dès le seuil de la porte, *errare a limine*, et commettre d'entrée une béveue qui ne peut estre excusée. Il n'y a point de Philosophe Grec ou Latin, dont le nom n'eust esté plus propre à ce traité, que celuy d'Aristippe; et il estoit si aisé de mettre en sa place celuy de Callisthène, qui s'opposa toujours aux emportemens déréglez d'Alexandre, et à tous les désordres de sa Cour, qu'on ne sçauroit trop s'étonner

*Diog. Laert.*

du mauvais choix de Balzac, et de son peu de jugement à ne pas préparer l'esprit d'un Lecteur par une inscription raisonnable.

Jettez les yeux, je vous supplie, sur l'endroit du cinquiesme discours, où il parle de ceux qui en partie par crainte, et en partie par infidélité, donnent de mauvais conseils à leurs Souverains; et vous aurez compassion de voir qu'il leur impute à crime de condamner le voyage précipité et infructueux de Charles huitiesme en Italie, aussi bien que les exploits d'outre-mer de ses prédécesseurs, qui ont esté si calamiteux à la France, et mesme à toute la Chrétienté. Pour ce qui touche l'entreprise de Charles huitiesme, pas un de nos Historiens n'en a parlé sans blasmer la mauvaise conduite de ce jeune et belliqueux Prince, qui hasarda la fortune de la France dans une course dont il ne pouvoit retirer aucun fruit. Et vous sçavez comme le Pape de ce tems-là voulut le rendre ridicule, sur ce qu'il avoit couru toute l'Italie comme un Mareschal des logis la craie à la main, et sans s'arrester, au lieu d'y asseurer quelque conqueste digne de son nom, et d'un si grand dessein. Quant à ce qui regarde les différentes et réitérées Croisades de nos Rois, il ne faut point douter qu'elles ne fussent très-pieuses, mais la position de leur Estat, et la distance des lieux qu'ils vouloient attaquer, sans entrer en d'autres discussions, ont toujours fait dire aux plus judicieux qu'elles estoient plenes de témérité; et leurs mauvais succès, en confirmant cela, semblent avoir fait voir que si Dieu approuvoit les bonnes intentions de ces Monarques, il ne laissoit pas d'improuver leur conduite. Cependant comme un zèle inconsidéré fut cause de tous les malheurs que représente l'Histoire de ce tems-là, Balzac n'a pu sans indiscrétion, et sans crime, accuser d'impiété ceux qui ont nommé ces trop fréquentes et toujours malheureuses entreprises, des maladies chroniques, et des coqueluches qui avoient cours dans leur siècle, et qui ont cessé depuis. N'a-t-on pas universellement improuvé depuis peu, et sans impiété, le dessein d'un Prince généreux, de ruiner le Grand Seigneur, commençant par l'invasion de la Morée, parce qu'on trouvoit ses mesures mal prises, et ses forces trop petites pour un si haut projet?

Au discours suivant, qui est le sixiesme, il se mesle d'expliquer ce vers du huitiesme livre de l'*Énéide*,

*Secretosque pios, his dantem jura Catonem,*

*auquel*, dit-il, *les gens de l'École ne prennent pas garde, et qui mérite la réflexion des gens de la Cour.* Il est ridicule s'il prétend par là passer pour un grand homme de Cour, estant un simple provincial; et il s'expose encore plus à la risée, s'il croit qu'en matière de semblables interprétations d'Auteurs classiques, les Courtisans sçachent autre chose que ce qu'ils ont appris au pays Latin. Mais n'est-ce pas une grande ignorance à luy, d'avoir pris ce Caton dont parle Virgile, pour celuy d'Utique, après que Servius, et autant qu'il y a eu de personnes qui nous ont laissé quelques Commentaires sur ce poëte, ont unanimement déclaré qu'il désignoit le Censeur, ce *Cato major* de Cicéron, et celuy qui n'aiant rien eu à démesler avec Jules César, ni avec Octave Auguste, comme n'estant pas de leur siècle, estoit honoré d'eux aussi bien que du reste des Romains. Il adjoute que Virgile s'entendoit avec l'Empereur, luy aiant révélé ce secret, qu'il feroit voir par cette fiction que Caton, avec toute sa vertu, n'estoit bon que pour l'autre monde. En vérité c'est bien apprester à rire aux gens de l'Eschole, dont il parle avec tant de mépris, et qui nommeront cela une puérilité indigne presque d'estre refutée. J'aurois plutost dit, après avoir fait la faute de prendre l'ancien des Catons pour le dernier, que le poëme de l'*Énéide* n'ayant paru que sur la fin de l'Empire d'Auguste, et dans un tems où la longue paix, et la clémence du Prince, avoient fait perdre la mémoire des animosités passées, Virgile n'auroit pas fait difficulté de rendre cet honneur à Caton d'Utique. En effet Homère s'estant contenté de faire juger les coupables de son Averne, par Minos, Eacus et Radamanthe, c'est une grande gloire que le Poëte Latin attribue à Caton, de le faire présider seul sur les âmes justes et innocentes; en quoy l'on trouve que Virgile a de l'avantage sur Homère. Mais comment cette secrette intelligence d'Auguste et de Virgile, pourra-t-elle s'accorder avec un autre vers du sixiesme livre de la mesme *Énéide*,

> *Quis te, magne Cato, tacitum, aut te, Cosse, re-*
> *linquat?*

En vérité un de ces vers interprète l'autre ; l'on ne sçauroit donner de sens mysterieux à ce dernier ; c'est toujours Caton le Censeur qu'on paranymphe ; et Balzac pour avoir voulu estre trop fin, et trop bon Courtisan, s'est si fort esloigné du jugement et de la science de l'Eschole, qu'il doit faire pitié à ses meilleurs amis.

Il faut que je passe, selon ma promesse, de son **Aristippe** à ses *Entretiens*, dont un seul endroit me fournira deux exemples qu'il choisit luy-mesme dans toute l'Antiquité, à dessein de prouver qu'elle nous débite pour bonnes de fort mauvaises choses : et je vous ferai juges de sa judicieuse critique. Voicy le premier exemple. Un philosophe prononça qu'il estimoit plus la méchante cappe d'Agésilaüs, et la paillasse sur laquelle il dormoit, que tout l'or, et toute la pourpre du Roy de Perse ; ce qu'un Orateur a rapporté comme une chose très-bien dite. Ils sont tous deux impertinens sur cela, soustient-il : car le premier n'a rien dit qui vaille, ou pour le moins, ne s'est pas bien expliqué. Il pouvoit, adjoute-t-il, priser davantage la personne du Roy de Sparte, que celle du Roy de Perse; mais non pas une mauvaise paillasse qu'un lit de drap d'or. Voilà peut-estre la plus puérile, et la plus ridicule censure, dont un homme de sens un peu commun eust pu s'aviser. Y a-t-il aucun qui puisse s'imaginer qu'on ait estimé la petite casaque d'Agésilaüs, ni sa paillasse, au point que faisoit ce Philosophe, à cause d'elles seulement ? Ne voit-on pas que cela est dit sur la considération de celuy qui s'en servoit ? Et ne conçoit-on pas nécessairement par ce peu de paroles, que la vertu d'Agésilaüs, accompagnée de toute sorte de frugalité selon les loix de son païs, estoit préférable à tout le luxe et à toutes les somptuositez de la Cour de Xerxès? Mais le Philosophe, dit-il encore, ne s'est pas bien expliqué. Vous vous trompez, pauvre Critique ; personne, depuis qu'il a proféré ce que vous reprenez, n'a fait ce jugement que vous ; et par effet sa pensée est mieux énoncée, et avec plus de grâce, par ce qu'il a prononcé, qu'elle ne seroit s'il l'eust rendue à vostre mode, et avec toutes les circonstances que vous dites mal à propos qu'il a obmises. C'est souvent une rusticité grossière de vouloir particulariser toutes les choses, jusques à celles qui doivent estre sous-entendues :

*Supprimit Orator quod Rusticus edit inepte.*

Et je vous asseure que le Philosophe et l'Orateur, dont vous vous moquez, se sont mieux fait entendre, et plus agréablement que vous n'auriez fait avec toutes vos adresses, ni avec toutes vos hyperboles.

Son second exemple est fondé sur le mot de Pompée, lorsqu'il s'embarqua, contre l'avis des gens de mer, par un tems fort orageux : *Il est nécessaire que j'aille, mais il n'est pas nécessaire que je vive.* Voilà, s'escrie-t-il, l'apparence d'un bon mot, qui pourtant regardé de près se destruit soi-mesme, et implique une parfaite contradiction : car pour aller il faut vivre, et ainsi l'un est aussi nécessaire que l'autre. Il presse encore davantage, ce luy semble, et ce qu'il appelle presser, est si ridicule, que j'ay honte de m'y arrester. Enfin il apprend à Pompée à parler, et il adjoute, comme pour l'excuser, que peut-estre la tourmente qu'il voioit devant luy, le troubla, et l'empescha de songer à ce qu'il disoit. L'insolence en tout cela contre Pompée, l'un des plus grands hommes de tous ceux qui ont mérité le surnom de Grand, est merveilleuse; et néanmoins celle d'oser reprendre des paroles qui depuis dix-sept cens ans qu'elles sont sorties de sa bouche, ont esté admirées de tout le monde, me paroist encore plus estrange. Vous sçavez que nos meilleurs auteurs Grecs et Latins les rapportent comme un apophthegme digne de Pompée, et du tems auquel il vivoit, le plus célèbre soit pour l'Éloquence, soit pour l'estendue de l'Empire, qu'ait eu la République Romaine. Sans m'amuser donc à vous transcrire des textes inutiles, je vous prie seulement de me permettre de coucher icy les termes de Plutarque, afin que vous voiez comme la beauté du mot de Pompée, et la clarté de ce qu'il signifie, paroissent et agréent en quelque langue qu'on le mette : πλεῖν ἀνάγκη, ζῆν οὐκ ἀνάγκη : *Navigare necesse est, vivere non est.* Rien ne se peut dire par une âme bien déterminée, comme l'estoit alors celle de Pompée, ni en moins de paroles, ce qui leur donne un grand poids, ni plus fortement et d'un air qui exprime mieux une généreuse et dernière résolution. Apprenez, iniques Censeurs, s'il s'en trouve plus d'un, qu'on ne sçauroit dire cela sans comprendre que Pompée déclaroit ne faire pas tant d'estat de sa vie, que de son honneur, qui l'obligeoit à suivre les ordres du Sénat et du peuple Romain. Non seulement son honneur pouvoit subsister sans sa vie, mais il devenoit mesme plus illustre en la perdant pour s'acquitter de son devoir. Hé quoi! les Orateurs, les Historiens, et les Philosophes, les Sénèques, et les Plutarques, auront fait estat de cette héroïque pensée, en trouvant les paroles très-belles; et petits hommes que nous sommes, j'ose dire mesme petits barbares à l'égard de leurs nobles expressions, nous serons si hardis que de vouloir les corriger par une chicane sophistique qui tesmoigne la petite portée de nostre esprit? Nous accuserons encore là-dessus Pompée le Grand de pusillanimité, comme celuy que la présence du péril avoit tellement troublé, qu'il ne sçavoit ce qu'il disoit? Balzac pour le redresser, ou plutost pour une dernière injure, luy fait proférer ces autres termes : *Laissons faire aux Dieux de nostre vie, et faisons nostre devoir.* Je reconnois qu'ils n'ont rien contre la Grammaire, ni contre la Rhétorique : mais je soustiens aussi que le moindre homme de la suite de Pompée estoit capable d'en dire autant, et que ses véritables paroles ont, avec un air plus galant et plus relevé, un sens bien plus digne de luy. En vérité je vous avoue qu'un traitement si injuste contre toute l'Antiquité excite tant d'indignation dans mon âme, que j'aime mieux que ce soit vous ou tout autre que moi, qui donniez à cette sorte de témérité le nom qu'elle mérite.

Pers. sat. 5.
*... Exclamet Melicerta perisse Frontem de rebus.*

Il faut avoir fait banqueroute à la pudeur et au jugement, lorsqu'on passe jusques à un tel défaut de respect, et jusques à une si présomptueuse extravagance : *Ut insolenter parentis artium antiquitatis reverentiam verberemus.* Vous voiez que j'emprunte de tous costez des termes qui me puissent aucunement expliquer, comme le font ici ceux de Macrobe.

1. Satur.

Je pensois finir en ce lieu ; mais ma mémoire me fournissant un endroit des lettres choisies de Balzac, aussi exprès contre les premiers hommes de l'Antiquité, et aussi défectueux en jugement, que tout ce que nous venons de voir, je pense vous le devoir encore faire considérer. Il escrit à un de ses amis, homme certainement de rare mérite, et pour luy tesmoigner combien il l'estimoit, il le préfère d'abord à Socrate, à Platon, et à cet Aristote qu'on appelle parmi les Sçavans le Démon de la Nature. Ce Démon, dit-il, n'estoit que de la bassecourt, et vous estes du cabinet. Vous verrez le reste de cette lettre, quand vous aurez envie de rire : et vous y remarquerez avec plaisir, qu'il prend pour une chose nouvelle, et qui eust donné de la jalousie aux premiers Philosophes de la Grèce, particulièrement à ce mesme Aristote, d'attribuer de la connoissance aux Animaux. Jugez comme il avoit bien estudié ces grands Précepteurs du genre humain. C'est avec le mesme jugement qu'il prise sur tout de clarté un style fort beau de vérité, et des plus considérables ; mais à qui la pluspart du monde, peut-estre trop difficile à contenter, a fait reproche seulement de je ne sçai quelle obscurité pénible. Je ne doute point que ceux à qui la lettre est adressée, ne se soient scandalisez de se voir préconiser d'un air qui jette les plus innocens et les plus modestes dans une confusion déplaisante. Et je ne m'estonne pas non plus, si le Cardinal de Richelieu déclara hautement qu'il ne vouloit point estre loué par un homme capable de donner au moindre des siens les mesmes éloges qu'il eust pu recevoir de luy. Car je croy que vous n'ignorez pas que jamais Balzac n'eut de part aux bonnes grâces de ce grand Prélat. Comme il avoit le discernement fin, il ne se contentoit pas des jolies choses qu'on vante si fort aujourd'huy; il en vouloit de belles et de bonnes, qui laissent les jolies infiniment au dessous d'elles. En effet ces dernières ne sont souvent que des bagatelles parfumées, pour ne pas dire avec l'Espagnol *necedades en almivar*; et à le bien prendre, des bijoux et des poupées se nomment mieux de jolies choses, que des productions d'esprit qui sont de quelque considération. Tant y a que l'Éloquence de Balzac ne satisfaisoit point le Cardinal de Richelieu. Il trouvoit qu'il n'escrivoit rien pour l'âme, mais simplement pour les oreilles, *nugas canoras*. Et il estoit persuadé qu'on ne pouvoit luy retrancher ses hyperboles qu'il débitoit si agréablement, non plus que son Cacozèle, sans le desnuer de son principal ornement; de mesme qu'il est impossible d'oster à l'Aloës son amertume, ou à la Rhubarbe son dégoust, sans leur faire perdre ce qu'ils ont de force, et sans les priver de toute cette vertu qui les rend recommandables. Mais laissant le sentiment des autres à part, je tiens que Balzac a possédé une des plus excellentes plumes dont nostre langue se puisse vanter. Quand je laisse dire aux autres qu'il manque de jugement, ce n'est pas que je prétende qu'il en fust dépourveu absolument. Mais à la vérité, comme l'on a dit que la mémoire des choses se trouvoit souvent où celle des noms estoit défectueuse, et parfois tout au rebours, *alia est memoria verborum, alia rerum* ; ce que Cicéron a remarqué en de grans Orateurs de son tems : je pense qu'on peut soutenir de mesme, que l'Éloquence de Balzac estoit accompagnée de jugement en ce qui concernoit le choix des mots, leur disposition, et le beau tour d'une période; ce qu'il a reconnu mieux peut-estre que personne de son siècle; mais qu'à l'esgard de la pensée, et des matières qu'il traittoit, ce mesme jugement ne jouoit pas si bien son jeu, et l'abandonnoit très-souvent; *velles eum suo ingenio dixisse, alieno judicio.* Adjoutons d'ailleurs entre nous, qu'à cause qu'il n'avoit qu'une connoissance superficielle et fort bornée des sciences, il s'attiroit la haine et l'envie de beaucoup de gens, parce qu'il ne pouvoit presque souffrir leur réputation, taschant de déprimer ceux qui faisoient paroistre un plus grand fond que le sien, et qui eussent esté bien faschez de luy accorder la supériorité qu'il prétendoit en toutes choses. Vous sçavez bien qu'en parlant ainsi, je ne fais nulle réflexion sur moi qui n'ai jamais esté mal, que je sçache, avecque luy, et qu'il a mesme voulu gratifier de ses hyperboles obligeantes dans des lettres qu'il m'a escrites, et que depuis il a fait imprimer. Mais enfin, ce n'est pas le mal-traitter, ce me semble, de dire que sa haute Éloquence méritoit de meilleurs emplois qu'elle n'a eus. *Digna enim fuit illa natura, quæ meliora vellet, quæ quod voluit, effecit.* Je croi que ces termes de Quintilien au sujet de Sénèque, peuvent passer ici pour un éloge de Balzac.

<small>l. 10. Institut. c. 1.</small>

*Ceux qui avoient donné sujet à Ménalque de considérer, comme il venoit de faire, l'éloquence d'une personne si célèbre, furent les premiers à le complimenter sur son action; et ils avouèrent tous qu'il n'y avoit rien de plus juste que ses observations.* « *Pour moy,* » dit Simonides, « *je ne me lasserois jamais d'ouïr invectiver contre ceux qui font consister toute la beauté d'un discours au seul choix et à l'arrangement des paroles,* sermonis exactores molestissimi. *Ils peuvent estre diserts, mais non pas éloquens, selon le mot de l'Orateur Marcus Antonius; et ne connoissant pas le fond de la vraie Éloquence, où se trouvent les bonnes pensées dont ils n'ont fait aucune provision, leur vanité les aveugle de sorte qu'ils croient posséder la perfection du bien dire, s'ils ont la diction telle qu'on n'y puisse trouver rien à redire;* Et dum satis putant vitio carere, in idipsum vitium incidunt

<small>Cic. in Orat.</small>

<small>Quint. 2. Inst. c. 4.</small>

quod virtutibus carent. *Qu'ils apprennent que dans la Rhétorique, aussi bien que dans la Médecine, les maladies qui procèdent d'inanition, sont toujours les pires; et s'ils ne sçavent faire autre chose dans le mestier des Rhéteurs que d'arranger des mots, et de polir des périodes, qu'ils s'asseurent de n'estre jamais que de simples Frères-lais, propres seulement à nettoier la sacristie, et à balaier le palais de l'Éloquence, sans espérance d'y mériter un jour la qualité de Pères. Je veux vous communiquer un exemple de la belle liberté d'escrire que prenoient les Anciens à l'esgard des paroles, pris d'une épistre de Cicéron* sur laquelle je m'endormis hier au soir. *Il respond entre autres choses au reproche d'Appius Pulcher, de n'avoir pas usé de la civilité que Lentulus et luy Appius avoient réciproquement observée entre eux. Est-il possible, dit à cela Cicéron, qu'on croie que je donne à l'usage ce que je ne ferois pas au mérite et à la vertu?* Ullam Appietatem aut Lentulitatem valere apud me plus, quam ornamenta virtutis existimas? *Remarquez, je vous supplie, comme je faisois hier, cette estrange et hardie composi-*

*Lib. 3.
ad fam.
ep. 7*

tion de mots. Qui oseroit parmi nous entreprendre rien de semblable, et employer des termes qui approchassent tant soit peu de la licence de ceux-ci, Appiété et Lentulité? Cependant jamais Cicéron n'en a esté repris, et il se fust bien moqué de ceux qui eussent pensé luy imputer cela comme un grand défaut. Au surplus ce que Ménalque a judicieusement observé de ce qui pouvoit manquer à Balzac, puisque la perfection a quelque chose d'incompatible avec nostre humanité, n'empesche pas que nous ne le reconnoissions tous pour un escrivain tel qu'il n'y en a peut-estre point eu à qui nostre langue Françoise soit demeurée plus redevable. Mais ce grand avantage ne prouve pas, que l'on ne puisse trouver dans ce qu'il a fait, aussi bien que dans la teste du Poulpe, quelques petits vices meslez avec beaucoup de perfections et de bonnes choses. »

« — Ce que j'estime infiniment en luy, » adjouta Égisthe, « c'est que la beauté de son élocution contente esgalement partout, et que son Éloquence est tellement uniforme, qu'à l'ouverture de ses compositions vous le trouvez toujours le mesme.

ne s'estant jamais départi de son agréable façon de s'exprimer. Car il n'a point ce deffaut assez commun, d'avoir des endroits infiniment plus beaux les uns que les autres. C'est un malheur pour un auteur, quand l'on spécifie de certains lieux de son ouvrage qui peuvent plaire. Inæqualitatem scias esse, ubi quæ eminent notabilia sunt. *Une femme doit avoir tout bien fait, au jugement de Sénèque qui se sert de cette comparaison, pour mériter le nom de Belle* : Non est formosa cujus crus laudatur aut brachium ; sed illa, cujus universa facies admirationem singulis partibus abstulit. *Il veut qu'en quelque endroit qu'on ouvre un livre, l'on y trouve de quoy se contenter, et que* quocunque miseris oculum, id tibi occurrat quod eminere posset, nisi inter paria legeretur. *Mais sans considérer si cela est dit plus philosophiquement qu'oratoirement, prenons garde que cet agréable bois qui nous couvre, ne fait presque plus d'ombre, et que tous ces villages voisins sont offusquez d'une fumée qui marque le dernier moment du jour, ne nous en restant que pour regagner nos demeures. Il faut pourtant, puisque la plus*

Sen. ep. 33.

grande partie de nous veut estre demain soir à Paris, que nous arrestions la séance de demain. Car il n'y auroit point d'apparence que Simonides en fust quitte à meilleur marché que les autres; et il auroit mesme sujet de se plaindre de nous, s'il ne recevoit une aussi favorable audience qu'il nous l'a donnée. » Il fut prié de tous unanimement de se préparer pour le matin suivant, le départ de ceux qui devoient retourner en ville, ne se devant faire que sur les quatre heures de l'après-dînée.

## SIXIESME JOURNÉE

Marulle pensoit estre le premier esveillé à son ordinaire; mais il trouva Simonides dans sa chambre qui mettoit au net ce qu'il avoit brouillé le soir précédent, pour en faire une plus facile lecture au lieu de la conférence. Cela fut cause qu'ils y arrivèrent les derniers, et que Simonides s'y excusa en raillant sur ce qu'il lui avoit falu plus de tems qu'aux autres, pour abréger son petit ouvrage; selon que le

*Cardinal Du Perron disoit d'un gros livre, qu'on estoit obligé d'en pardonner l'estendue à son auteur, qui n'avoit pas eu le loisir de le faire petit. « Je serai peut-estre plus empesché, » adjouta-t-il, « à vous faire trouver bon le thème que j'ai pris pour vous entretenir; mais ma profession, et mon genre d'étude, parleront pour moy, s'il vous plaist, puisque naturellement chacun aime à conter les choses qui sont de sa connoissance;*

<small>Ovid, l. de Ponto, el. 6.</small>

Scilicet est cupidus studiorum quisque suorum,
Tempus et assueta ponere in arte juvat.

*La Théologie me fait faire beaucoup de réflexions, où d'autres ne se porteroient peut-estre pas; et les abus qui se glissent insensiblement parmi les choses saintes, m'ont convié à vous faire un récit de ce qui fut dit il y a quelques mois dans une compagnie où je me trouvai assez inopinément. Ce sera donc De l'intercession de quelques Saints particuliers, que je vous entretiendrai; et voici ce que je hasardai et jettai hier sur le papier, avec le mesme plaisir que d'autres prennent en jettant trois dez sur une table:*

Je ne trouve pas estrange que quelques-uns aient voulu establir la Religion pour la dernière différence de l'homme, puisque quand il se rencontreroit de vrais Athées, qui n'eussent pas le moindre sentiment d'une Divinité, il se voit beaucoup plus de fous parfaits, qui sont encore moins dans l'usage de la raison; de sorte qu'il n'y auroit pas plus d'inconvénient, selon cette pensée, à nous définir animaux religieux, qu'animaux raisonnables. Quoi qu'il en soit, j'ai toujours pris le précepte Pythagorique de ne pisser jamais contre les raions du soleil, pour un commandement très-exprès qu'il faisoit à ceux de sa secte, de ne dire jamais rien contre le culte Divin; ce que nous sommes bien plus obligez d'observer dans la vraie Religion. Je serois donc très-fasché que les remarques dont je vous ferai le rapport sur le chois de quelques Saints qui ne semble pas assez sérieux, pussent tant soit peu choquer vostre piété; et j'avoue que j'aurois grand tort en ce cas-là, de vous répéter tant de choses qui furent dites par des personnes qui s'engagèrent insensiblement en faisant une promenade à traitter ce lieu commun, peut-estre trop licencieusement. Mais dans la connoissance que j'ai de vostre intérieur, et me souvenant de vous avoir souvent ouï soutenir, que Dieu se servoit de toute sorte de moiens pour porter les hommes à la piété, et leur faire glorifier son nom par l'intercession des Saints; je n'ai fait nulle difficulté de coucher ici sur le papier tout ce que ma mémoire m'a pu fournir sur ce sujet.

Pour en mieux venir à bout, j'ai suivi autant qu'il m'a esté possible, le mesme ordre qui fut tenu dans la petite assemblée où je me trouvai, commençant par ce qui ouvrit tout ce propos, quand on parla des Saints Longis, et Raboni, venus vraisemblablement de deux mots de l'Évangile, l'un Grec, et l'autre Hébreu; sur quoi l'on dit, et peut-estre trop gaillardement, quelque chose du *Sanctus Vitus*, invoqué dans l'Anjou, de mesme que ces deux premiers par deçà. Quelqu'un se jetta en suite sur de certaines corruptions de mots remarquables, comme quand l'on a fait une Sainte Tiphaine de la feste des Rois, dite Épiphanie; et lorsqu'on a nommé en Provence le lieu des trois Maries de *Trajectus Marii*, ou fort près de la ville de Grenoble, la Tour sans venin, d'une Chapelle qui la joint, dédiée *Sancto Verano*; ce que nous appellons venin en ces quartiers-ci, se prononçant vulgairement *Verin* dans tout le Dauphiné. Un Gascon que vous connoissez tous, rapporta comme à Carbonblanc, distant d'une lieue et demie de Bourdeaux, l'on chomme la feste de Sainte Pointe, prise d'une espine de la couronne de nostre Seigneur, que les simples gens du lieu disent estre fille de la Pentecoste, parce que cette feste de Sainte Pointe arrive le lendemain de la mesme Pentecoste. Un autre se souvint aussi de ce mauvais Peintre ou Statuaire, qui pour avoir escrit au pied d'un Saint Pancrace, *Saint Crampace*, fut cause que tous ceux qui estoient travaillez de la Goutte-crampe, alloient là porter leurs chandelles. Ainsi d'une inscription gravée dans un marbre en ces termes : *Metello curatori viarum*, les Espagnols en ont formé un *San Viaro*, comme l'on peut voir dans Resendius. L'on a fait de mesme à Paris un Saint Vult ou Vaudeluc, du *Volto di Luca* qui fut apporté d'Italie, et mis dans l'Église du Sépulchre en la rue de Saint-Denis.

selon que le Père Du Breuil, et d'autres qui ont escrit depuis luy, l'ont fort bien observé dans leurs Antiquitez de cette ville. Ce fut là-dessus que chacun récita comme à l'envi et avec une merveilleuse licence ce grand nombre de Festes, et de Saints esleus pour patrons par la seule considération, ce semble, de quelque allusion; à peu près comme les Romains en ont souvent usé, témoin la Déesse *Égérie*, à qui leurs femmes enceintes sacrifioient, *quod eam putarent*, dit Festus, *facile fœtum alvo egerere*. Et premièrement, le mot de *matto* et de *mattarello* des Italiens, est cause apparemment, selon l'opinion de beaucoup de personnes, qu'on condamne les fous aux neufvaines de Saint Mathurin; de mesme que la couleur verte qui leur est propre, fait qu'on les envoie ailleurs à Saint Hildevert. L'on recommande sur un pareil fondement les personnes sujettes au *Vertigo*, ou aux desréglemens de cervelle, à Saint Avertin; d'autres à qui la teste tourne, à Saint Atourni, qui est sans doutte Saint Saturnin; et les Acariastres, qui sont les ἄκαροι des Grecs, à Saint Acaire, au rapport mesme de Nicod. Ceux qui ont les escrouelles, se vouent à Saint Marcou, parce qu'ils ont mal au col, que nous prononçons *cou* : les hydropiques à Saint Eutrope : les goutteux à Saint Genou, et en Italie à *santo Gottardo* : les galeux pleins de clous à Saint Clou : ceux qui ont les mains gastées de rogne, à Saint Main : les boiteux à Saint Claude, *a claudicando* : les femmes qui ont mal aux mammelles, à Saint Mammard : ceux qui ont la teigne, à Saint Aignan : les entrepris de leurs membres, à Saint Prix : ceux qui sont travaillez de la toux, à la feste de Toussaints : les aveugles, à Sainte Luce, et à Saint Clair, qui est aussi le patron des verriers, et des faiseurs de lanternes; et les enfans tombez en *atrophie*, que nous disons estre en chartre, se portent aux Chartreux tous les Vendredis de l'année, ou à Saint Mandé près du bois de Vincennes, afin qu'il les amende; de mesme qu'en Normandie l'on porte à Saint Fenin, qui est Saint Félix, ceux qu'on y nomme fenez pour ne prendre plus de nourriture. Les personnes qui ont mal aux oreilles, vont ordinairement à Saint Ouin, autrement dit Saint Ouen, *Sanctus Odoenus*; ou à

Sainte Ouine qu'on tient estre Sainte Eugénie, et qu'on visite pour la surdité aux fauxbourgs du Mans. Ceux qui sont en langueur, s'adressent à Saint Langueur auprès de Bar-sur-Aube : ceux qui ont esté volez, à Saint Nicolas de Tollentin, *a tollendo*, parce que les voleurs emportent tout ce qu'ils peuvent : et d'autres pour recouvrer des choses esgarées, qu'on nomme *espaves*, à Saint Anthoine de Pade ou de Padoue. Ceux qui perdent le sang, et qui sont souvent en peine de l'estancher, vont à Saint Estange ou Estanche auprès de Pougi, à cinq lieues de Troie. Ceux qui ont la grosse vérole, à Sainte Reine, comme ayant eu les reins trop eschauffez. Et ceux qui ont le mal du fic, font leurs pélérinages à Saint Fiacre.

L'on ne doutte point en Liége, que Saint Servais qui préserve de la mort, n'ait son nom et son culte *a servando*; c'est ce qui obligea Louis onziesme de luy faire bastir cette belle chapelle qu'on y voit, comme celuy qui appréhendoit extraordinairement le dernier terme de sa vie.

Il se fit ici en riant une observation de la fantaisie qu'ont quelques-uns, qu'on ne doit demander à chaque Saint que ces guérisons particulières qui leur sont attribuées. Car nous lisons dans nostre Histoire, que le mesme Louis onziesme fit réformer une oraison faite pour luy, et adressée à Saint Eutrope pour le salut de son âme et de son corps, sur cette raison qu'il n'estoit question que de la santé du dernier, et qu'il n'estoit pas à propos de demander à ce bon Saint tant de choses ensemble. L'on remarqua de mesme la pensée ridicule de ceux qui croient que l'invocation d'un seul Saint a parfois plus d'efficace, que quand l'on y joint l'intercession d'un autre; parce, disent-ils, qu'alors il peut arriver la mesme chose qu'on esprouve assez souvent en brouillant des simples qui opéreroient mieux seuls qu'en compagnie. Et sur ce qu'on trouvoit cette comparaison trop hardie, et telle, qu'elle parut mesme à quelques-uns scandaleuse, celuy qui s'en estoit servi, s'excusa monstrant qu'il la venoit de lire dans le livre qu'il tenoit en main, et qui estoit de la Syrie sainte, descrite par le R. P. Joseph Besson. En voicy le texte pris du traitté sixiesme de la première partie, dont

*Seissel et Mathieu.*

*c. 3. p. 118.*

il me donna copie le lendemain, la luy aiant demandée : *Une goutte d'eau et une grande foy produisent de grands miracles.* Le Père Gilbert Rigault, qui gouvernoit la Congrégation des marchands de Seyde, avoit coustume de guérir ses malades avec un peu d'eau, dans laquelle il avoit trempé un eschantillon de la caisse de bois, où l'on avoit mis le corps de l'Apostre des Indes Saint Xavier : mais la source des miracles tarit entre les mains de celuy qui voulut adjouter une nouvelle prière à un autre Saint. Certes la prière qu'il adjoutoit, estoit excellente, et le saint qu'il invoquoit, est l'un des plus miraculeux de l'Église : mais comme le meslange des drogues en oste quelquefois la vertu, aussi une confiance moins pure et moins sincère empesche le cours des grâces.

Or de ces allusions qu'on pourroit croire avoir donné des Saints à beaucoup d'infirmitez, l'on vint à faire une longue et licencieuse énumération de ceux qu'ont pris pour Patrons plusieurs mestiers sur la seule rencontre des mots, et du rapport qu'ils avoient à leur exercice. Ainsi les Cordonniers, grans donneurs de cors aux pieds, ont choisi

Saint Crespin, *a crepidis* : les Libraires et les Imprimeurs, que le Latin sur tout occupe, Saint Jean Porte-Latine ; qui est aussi le Patron des Tonneliers dans la Provence, à cause qu'on y nomme une Tine ce que nous appellons icy une cuve : les Maquignons ont Saint Louis, désirant bien louer leurs montures de louage : les Rôtisseurs l'Assomption, *ab assando* ; comme les Cabaretiers faiseurs de grillades, Saint Laurent mis sur le gril : les Couvreurs qui ne font que monter, l'Ascension : les Prisonniers, que les liens importunent si fort, Saint Liénard ; ce qui porta le Comte d'Auvergne en mille six cent seize à faire allumer le jour de cette feste sur le soir, des Feux d'artifice près de la porte Saint Anthoine, à cause de sa liberté, comme l'a fort bien observé le *Mercure François*. Les Tailleurs, qui prennent souvent autant d'estoffe pour un habit seul, qu'il en faudroit pour trois, la Trinité : les Natiers, la Nativité : les Cuisiniers, obligez de gouster à tant de jus différens, Saint Jude : les Cardeurs à cause de leur amas de laine, la Magdelaine en beaucoup de lieux : les Boulangers, qui

Tom. 1. p. 364.

font cuire tant de pains qu'on nomme Miches, Saint Michel : les Cordiers, la Conversion de Saint Paul, *quod nunquam se convertant* : les Joueurs de violon, Saint Genés, leur mestier ne servant qu'à ceux *qui genio indulgent*, outre la considération de sa profession de Ménestrier : les Vignerons, Saint Vincent, qu'on dit qui fait monter le vin au serment : les Paveurs, Saint Roch, parce qu'ils taillent les rochers : les Lavandières, qui blanchissent le linge, Saint Blanchart : les Meusniers, à qui il importe que leur moulin aille toujours, Saint Vaast : et les Esperonniers, Saint Gilles, d'autant qu'il faut avoir de bons esperons pour bien courir et faire gille.

Voilà une bonne partie des Festes qui furent mises sur le tapis, et dont je serois bien fasché de vous garantir l'application telle qu'elle fut débitée. Mais tant y a que l'intention estant celle qui rectifie ou qui déprave toutes nos actions, il ne faut point doutter que la dévotion qu'ont tant de bonnes personnes à la feste de chaque Saint qu'elles ont esleu pour Patron, ne doive estre agréable à Dieu par sa bonté, quand le chois auroit eu quelque chose de ridicule dans son origine, ce qui n'est peut-estre pas toujours vrai.

Il se pourroit faire, adjouta-t-il après avoir fini sa lecture, qu'encore que j'aie esté fort court en faveur de nostre retour à Paris, je n'aie pas laissé de vous paroistre trop long sur un sujet aucunement odieux. Je parle ainsi à cause que la plupart du monde se scandalise, et prend en mauvaise part tout ce qui se dit contre les abus introduits par le peuple dans la Religion. Si est-ce que le scandale, s'il y en a, est plus dans leur establissement, que dans l'éclaircissement qu'on veut donner, afin de les faire reconnoistre tels qu'ils sont. Et néanmoins l'on ne manque jamais, pour peu qu'on en parle, de trouver des zélés ignorants, ou intéressés, qui s'escrient que Dieu est offensé dans de telles recherches; couchant de son service à peu près comme les Maltoutiers font de celuy du Roy pour soustenir leurs malversations. Je veux vous faire concevoir combien l'imposture est capable de préjudicier à nostre vraie Religion, qui pour estre en beaucoup de choses au-dessus de la raison humaine, ne luy est pourtant jamais absolument contraire. Je lisois il y a peu dans une Relation de l'Inde Occidentale, que quand l'on parle des choses du Ciel aux Brésiliens, et à ces Caraïbes sauvages des Antilles, ce qui se fait parfois inconsidérément, leur response ordinaire est, qu'ils trouvent beau tout ce qu'on leur a dit, mais que s'ils se laissoient persuader à de tels discours, leurs voisins se moqueroient d'eux. Tant il est constant qu'on ne sçauroit estre trop réservé, ni trop circonspect en ce qui touche les Autels, que rien ne profane tant que les abus qui s'establissent insensiblement sous l'apparence d'une dévotion zélée.

*Les propos qui suivirent estoient tous à l'approbation du sentiment de Simonides, et Marulle monstra particulièrement que hors ce qui est essentiellement de la Foy, où l'on ne peut apporter trop de respect, ni trop de soumission d'esprit, et où le raisonnement audacieux est toujours criminel; l'intérest mesme de la Religion requiert qu'on examine le reste, et qu'on n'admette pas indifféremment tout ce que l'esprit humain est capable d'inventer.* « Car enfin, l'on doit tenir, ce me semble, pour une espèce d'Oracle cette sentence d'un ancien, que les choses du Ciel sont trop esloignées de la terre, pour en parler si hardiment, ou plutôt si licentieusement comme l'on fait d'ordinaire, *homo ad immortalium cognitionem nimis mortalis est. A la réserve de* ce qui nous a esté révélé d'en haut, le reste se ressent toujours de la foiblesse de nostre humanité, et c'est estre extrêmement téméraire de débiter pour certaines toutes nos rêveries. »

Sen. de otio sap. c. 32.

« — *Pour moy,* » dit à cela Racémius, « je suis si esloigné de cette sorte de présomption, que je fais profession de douter de tout ce dont il est permis de former des doutes sans impiété ; *ego magnus sum opinator, non enim sum sapiens* ; ce que je n'ai point de honte de proférer aprés Cicéron ; et si quelques considérations m'empeschent d'estre entièrement sceptique, je suis pour le moins de ces Ecclectiques, que *Festus Pompeius* a nommez Miscelliones, moins odieusement possible que ne l'a creu Vossius. En effet, prenant ce que je trouve de plus vraisemblable dans toutes les Sectes, je tiens mon âme dans cette indifférence ou indétermination qui luy est naturelle,

4. Acad. qu.

L. de sect. Ph. c. ult.

parce qu'elle est en puissance toutes choses, selon le jargon de l'Eschole. Car apparemment les vertus de la volonté, qui sont les Morales, ne consistent pas plus en une médiocrité placée entre deux extrémitez, que les vertus de l'entendement, telles que sont la sagesse et toutes les sciences bien prises et bien entendues, consistent de mesme en cette suspension qu'enseigne l'Époche, et ont leur lieu entre l'ouy et le non, c'est-à-dire, entre les affirmations et les négations absolues des Dogmatiques. Ainsi je philosophe au jour la journée, comme l'on dit, et je ne défends rien aujourd'huy, que je ne sois prest de combattre demain, si son contraire me paroist avoir plus de vraisemblance. En cela j'imite Arcésilas, qu'Eusèbe représente changeant aussi souvent d'avis, que le col d'une colombe de couleurs, parce qu'il eust fait conscience de ne se rendre pas aux apparences variables de ce qui tomboit sous sa connaissance : Nunquam fuit in Arcesila ut unum bis diceret, neque putabat ingeniosi esse viri in iisdem permanere. Et j'ai encore en cela Plutarque pour moi, quand il soustient quelque part que c'est mieux le fait d'un philosophe de suspendre son

l. 14. præp. c. 2.

l. de primo frigido, in fin.

*jugement, que de déterminer pour certain ce qui peut recevoir des doutes :* Philosophi magis est in rebus dubiis assensionem cohibere, quam aliquid tanquam certum probare. *Pourquoi établirai-je comme une chose constante, dit-il ailleurs, que les habits sont chauds d'eux-mesmes, parce qu'ils servent aux Allemans contre le froid ; s'ils ne sont pas moins utiles aux Éthiopiens contre le chaud ? et pourquoi tiendrons-nous pour fous ceux qui pensent des choses autrement que nous, et pour sages ceux qui espousent nos opinions, puisque les fous mesmes ont de bons intervales, et que les plus sages en ont de fort mauvais ?* »

l. 6. symp. c. 6.

Tubertus Ocella l'interrompit là-dessus, l'heure approchant de se dire adieu ; et luy demanda en riant, qui luy avoit donné de si belles leçons de la Sceptique. « J'oserois adjouter, » poursuivit-il, « que le disciple a de beaucoup surpassé ses maistres, et que vous avez en cela confirmé le proverbe Grec, πολλοὶ μαθηταὶ κρείττονες διδασκάλων, multi discipuli praestantiores magistris. Quoy qu'il en soit, je me réjouis de vous voir cultiver une profession qui n'a rien ici bas au-dessus d'elle, si cet Empe-

Cic. ep. fam. l. 6. ep. 7.

reur de la dernière Grèce en doit estre creu. Certes ceux de l'ancienne, ni de Rome mesme, n'ont rien de plus considérable à mon sens, que cet apophthegme de Joannes Ducas au jeune George Acropolitain pour l'exciter à l'estude et à l'amour de la Philosophie, μόνοι γὰρ ἁπάντων ἀνθρώπων ὀνομαστότατοι βασιλεὺς καὶ φιλόσοφος, nam inter homines maxime omnium conspicui præcellunt imperator atque philosophus. *Les deux d'entre nous qui préferent encore pour quelque tems les chams à la ville, pourront s'entretenir agréablement là-dessus en faisant leurs promenades. Car je sçai que l'un d'eux se plaist tellement à cet exercice, et qu'il y est si infatigable, qu'on peut espérer de le voir finir un jour comme l'historien Ctésibius, qui à l'âge de cent quatre ans ne quita la promenade qu'en quitant la vie, si nous en croions Phlégon dans ses Macrobies.* » Ce furent les derniers propos de cette sçavante compagnie, qui se sépara en s'embrassant, avec peu de compliment et beaucoup de tendresse.

hist. p. 26.

www.ingramcontent.com/pod-product-compliance
Lightning Source LLC
Chambersburg PA
CBHW060136100426
42744CB00007B/809